JN029815

カラー図解　楽器から見る

オーケストラの世界

世界

佐伯茂樹

The Orchestra World

河出書房新社

まえがき

　世界には無数のオーケストラがあり、そのファンの数も非常に多い。近年、ど
この国のオーケストラもその技術が向上し、どんなレパートリーも安心して聴く
ことができるようになったが、その代償として、楽団ごとの個性やローカル性が薄
まってしまったと言えなくもない。

　50年前のオーケストラ録音を聴くと、各楽団が非常に強い個性と魅力を持って
いたことが分かる。誰もがパリ音楽院管弦楽団とドレスデン国立歌劇場管弦楽団
の音の違いを判別できたし、ドイツ人が吹くクラリネットとフランス人が吹くクラ
リネットの音色の違いも明白であった。

　しかしながら、現在はどうかというと、どこのオーケストラも、インターナショ
ナルな楽器を使い、共通のスタイルで各曲を弾き分けるようになったので、ドイ
ツのオーケストラによるラヴェルの《ボレロ》の録音を聴いても、フランスのオー
ケストラによるブラームスの交響曲を聴いても、まったく違和感が感じられず、判
別すら難しい状況だ。

　もちろん、50年前は、ドイツのオーケストラが演奏するドビュッシーや、フラ
ンスのオーケストラが演奏するブラームスは、かなり違和感を感じさせるものだ
ったわけだから、名曲を鑑賞する上で現在の状況は歓迎すべきなのかもしれな
い。だが、オーケストラの名曲が持つローカル色や時代性のことを考えると、フ
ランスのオーケストラでしか聴くことができないビゼーの音や、チェコのオーケス
トラでしか聴くことができないスメタナの音を欲してしまうのも事実である。上手
い下手という物差しだけならば、いちばん上手いオーケストラのCDが1枚あれば
事足りてしまう。やはり、ウィーン・フィルのように、その土地独自の楽器を使っ
て独自の歌い回しをした演奏には、大きな魅力を感じるという人は多いはずだ。

　本書では、失われつつある各オーケストラのローカルな楽器にスポットを当て、
名曲が書かれた時代の楽器や編成の違いなども顧みながら、オーケストラの魅
力や実態に迫っていこうと思う。

目次　Contents

第2章

世界のオーケストラを知ろう

序章

オーケストラを知るために

本書で取り上げるオーケストラの歴史や国による違いを知るために、まず標準的な並び方の違いや各楽器の役割について知っておこう

0

オーケストラ とは？

　オーケストラは、西洋音楽の英知と魅力をすべて集結させたものである。ヴァイオリンからコントラバスまで、広い音域をカバーして幅広い表現を聴かせる弦楽器群。様々な音色で色彩感を加える木管楽器群。輝かしい音とハーモニーで重厚さを与える金管楽器群。情熱的なリズムを刻み、オーケストラ全体を盛り上げる打楽器群。これらのパレットが様々な組み合わせで融合したり、対立したりすることで生み出される音世界こそがオーケストラの魅力なのだ。

　ヨーロッパにおけるオーケストラの歴史は長い。その起源は、様々な楽器が合奏してオペラの伴奏をつとめた17世紀初頭の初期バロック時代にまで遡ることができる。その後、弦楽合奏にオーボエやファゴットなどの管楽器が加わるバロック期の管弦楽曲を経て、19世紀に入ると、現在の木管楽器、金管楽器、打楽器群の様々な楽器がレギュラーで加わるようになり、専門指揮者が指揮をする現在のような形になった。

　その後も、オーケストラの規模は大きくなり続け、多くの打楽器や鍵盤楽器が加わるようになったが、その大型化の動きも20世紀前期をピークに勢いがなくなり、現在では標準的な編成を基盤にして、曲に応じて人数や楽器の種類を変える形に落ち着いている。

読売日本交響楽団
© 浦野俊之

現代の標準配置

現代のオーケストラの標準的な配置は、第1ヴァイオリンと第2ヴァイオリンが下手側（観客席から見て左側）に隣り合って並ぶ。楽団や指揮者の意向によって、最も上手側（観客席から見て右側）にヴィオラが来る配置とチェロが来る配置があるが、いずれにしても、これらの配置だと、下手側からヴァイオリンの高音、上手側からチェロやコントラバスの低音が聴こえる形になる。管楽器も基本的に低音楽器が上手側にいるので、弦楽器のコンセプトと合致する。

この配置は、イギリスの指揮者ヘンリー・ウッドが考案し、20世紀に入ってボストン交響楽団のセルゲイ・クーセヴィツキーやフィラデルフィア管弦楽団のレオポルド・ストコフスキーが採用するようになったもので歴史は長くない。ステレオ録音の際に、左のスピーカーから高音、右のスピーカーから低音が聴こえてくるので、高音と低音が対話するような曲では非常に効果的。第1ヴァイオリンと第2ヴァイオリンがユニゾンで同じ音を弾いているときに合わせやすいというメリットもある。

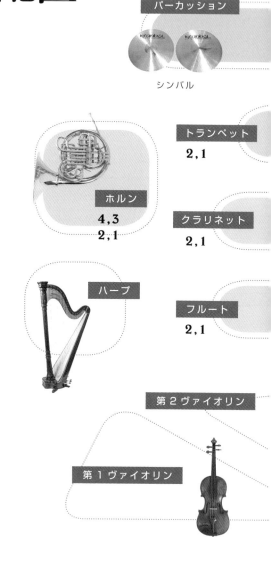

パーカッション

シンバル

トランペット
2,1

ホルン
4,3
2,1

クラリネット
2,1

ハープ

フルート
2,1

第2ヴァイオリン

第1ヴァイオリン

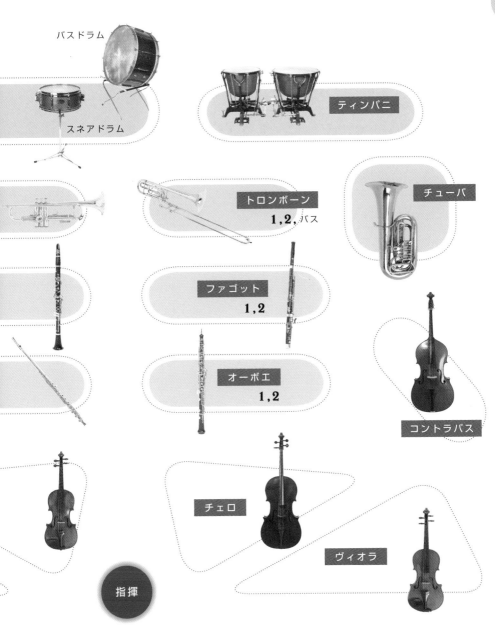

バスドラム

スネアドラム

ティンパニ

トロンボーン
1, 2, バス

チューバ

ファゴット
1, 2

オーボエ
1, 2

コントラバス

チェロ

ヴィオラ

指揮

弦楽器　　木管楽器　　金管楽器　　打楽器

現代型対向配置

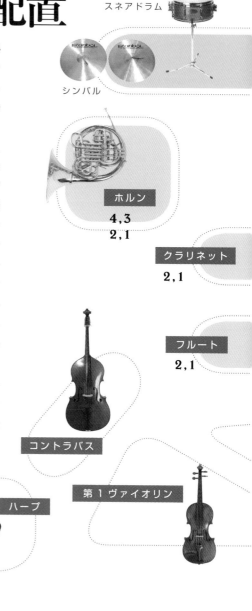

スネアドラム

シンバル

ホルン
4,3
2,1

クラリネット
2,1

フルート
2,1

コントラバス

ハープ

第1ヴァイオリン

　戦前までは、前ページの標準配置とは異なり、第1ヴァイオリンと第2ヴァイオリンが両側に分かれて向かい合う「対向配置（もしくは両翼配置）」が主流であった。この配置は、第1ヴァイオリンと第2ヴァイオリンが対話する曲のときは非常に効果的で、事実それを狙ったと思われる名曲は多い（バロック時代のトリオソナタ以来、第1ヴァイオリンと第2ヴァイオリン同士が対話することは多く、そのためにヴァイオリンが2パートに分かれていると言っても過言ではない）。第二次大戦後、大半のオーケストラは前ページの標準配置にシフトしてしまったが、対向配置の効果を力説する一部の指揮者たちによって復活するようになった。ただし、この対向配置を採用した場合、チェロとコントラバスが下手側に行ってしまい、低音管楽器と離れてしまうという欠点もある。そのため、低弦パートだけ上手側に持ってきたり、コントラバスを最後列で1列に並ばせる配置を採用する指揮者もいる。

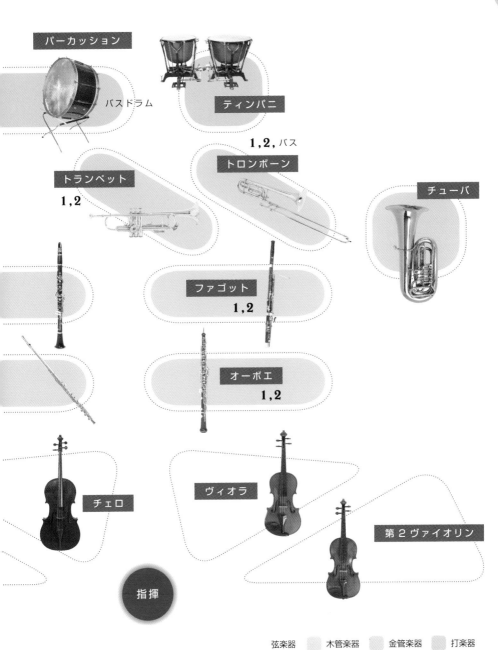

パーカッション

バスドラム

ティンパニ

1, 2, バス

トロンボーン

トランペット
1, 2

チューバ

ファゴット
1, 2

オーボエ
1, 2

チェロ

ヴィオラ

第2ヴァイオリン

指揮

弦楽器　　木管楽器　　金管楽器　　打楽器

各パートの役割は？

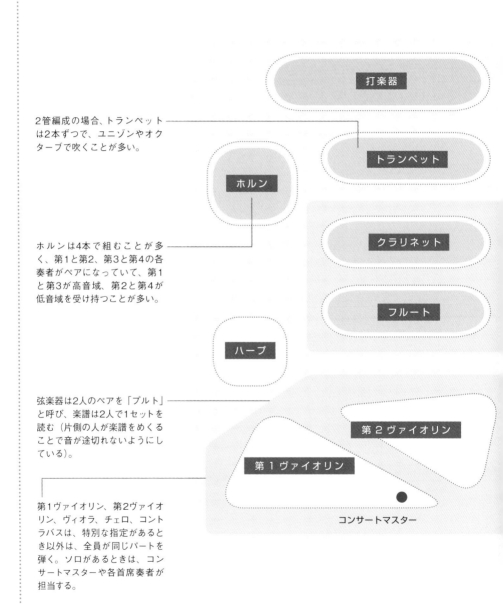

2管編成の場合、トランペットは2本ずつで、ユニゾンやオクターブで吹くことが多い。

ホルンは4本で組むことが多く、第1と第2、第3と第4の各奏者がペアになっていて、第1と第3が高音域、第2と第4が低音域を受け持つことが多い。

弦楽器は2人のペアを「プルト」と呼び、楽譜は2人で1セットを読む（片側の人が楽譜をめくることで音が途切れないようにしている）。

第1ヴァイオリン、第2ヴァイオリン、ヴィオラ、チェロ、コントラバスは、特別な指定があるとき以外は、全員が同じパートを弾く。ソロがあるときは、コンサートマスターや各首席奏者が担当する。

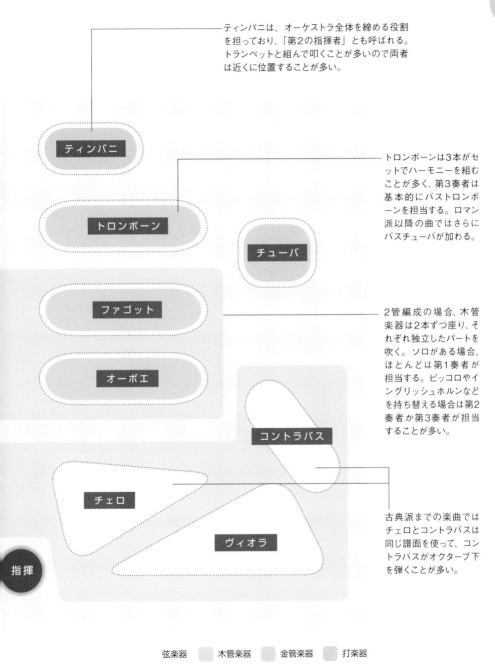

ティンパニは、オーケストラ全体を締める役割を担っており、「第2の指揮者」とも呼ばれる。トランペットと組んで叩くことが多いので両者は近くに位置することが多い。

ティンパニ

トロンボーンは3本がセットでハーモニーを組むことが多く、第3奏者は基本的にバストロンボーンを担当する。ロマン派以降の曲ではさらにバスチューバが加わる。

トロンボーン

チューバ

ファゴット

2管編成の場合、木管楽器は2本ずつ座り、それぞれ独立したパートを吹く。ソロがある場合、ほとんどは第1奏者が担当する。ピッコロやイングリッシュホルンなどを持ち替える場合は第2奏者か第3奏者が担当することが多い。

オーボエ

コントラバス

チェロ

ヴィオラ

指揮

古典派までの楽曲ではチェロとコントラバスは同じ譜面を使って、コントラバスがオクターブ下を弾くことが多い。

弦楽器　木管楽器　金管楽器　打楽器

オーケストラで使う
様々な楽器

　オーケストラの管楽器奏者は、調性や音域によって複数の楽器を持ち替えることがある。中でもクラリネットとトランペットは頻繁に持ち替えなければならず、奏者の周りには何本かの楽器が用意されていることが多い。

クラリネット

左から、Es管クラリネット、D管クラリネット、C管クラリネット、B管クラリネット、A管クラリネット、B管バスクラリネット

© 三ツ谷光久

　クラリネットは、調性や音域に応じて様々な長さの楽器があり、作曲家はそれらを場面によって指定している。通常の音域のクラリネットには、フラット系の曲で使われるB管、シャープ系の曲で使われるA管、音の明るいC管の3種があり（モーツァルトの歌劇《コシ・ファン・トゥッテ》ではC管より半音低いH管クラリネットが指定されている）、C管クラリネットのパートはB管で代奏されることも少なくない。さらに短い楽器としては、Es管クラリネットとD管クラリネットがあるが、後者はEs管クラリネットで代奏されることが多い。通常のクラリネットよりも1オクターブ低いバスクラリネットにもB管とA管の2種類あり、こちらもA管のパートはB管で代奏されるのが習慣化している。

トランペット

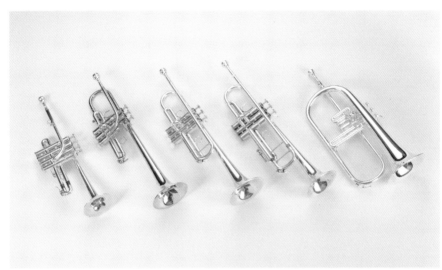

左から、A管ピッコロトランペット、Es管トランペット、C管トランペット、B管トランペット、B管フリューゲル
ホルン

> オーケストラでは基本的にC管トランペットがメ
> インで使われるが、曲想や調性によって違う長さ
> の楽器に持ち替えることもある。低い音域を出す
> ときやロシアのレパートリー、ジャズ系の曲を演
> 奏するときはB管トランペットに持ち替え、バロ
> ックのレパートリーや近代の管弦楽曲で華やかな
> 音が欲しいときはピッコロトランペットやEs管、
> D管など短い楽器を使うことがある。また、コル
> ネットが指定されている場合も持ち替え、非常に
> 稀なケースであるが、ヴォーン・ウィリアムズの
> 交響曲第9番ではフリューゲルホルンの持ち替え
> の指示がある。

現在のオーケストラのトロンボーンセクション
は、テノール2本とバスの3本が基本編成で、
すべてB管の楽器で演奏されるが、元来は、Es
管アルト、B管テノール、F管バスと、それぞれ
違う長さの楽器で組んでいたので、そういう時
代の作品を演奏する際、第1奏者はアルトトロ
ンボーンに持ち替えなければいけない。また、
ワーグナーなどを演奏するときは、バストラン
ペットやコントラバストロンボーンに持ち替え
る他、ユーフォニアムやテノールホルンを吹く
こともある。

トロンボーン

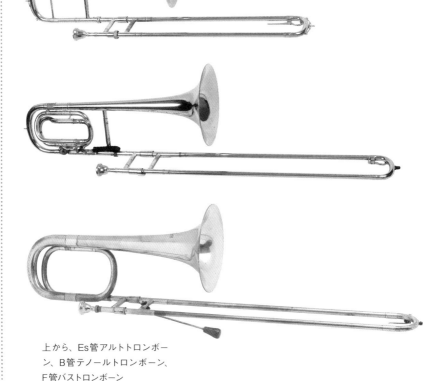

上から、Es管アルトトロンボー
ン、B管テノールトロンボーン、
F管バストロンボーン

打楽器

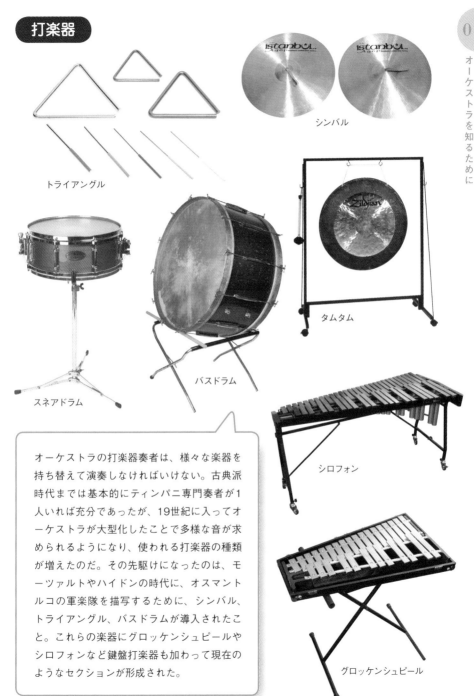

シンバル

トライアングル

タムタム

バスドラム

スネアドラム

シロフォン

グロッケンシュピール

オーケストラの打楽器奏者は、様々な楽器を持ち替えて演奏しなければいけない。古典派時代までは基本的にティンパニ専門奏者が1人いれば充分であったが、19世紀に入ってオーケストラが大型化したことで多様な音が求められるようになり、使われる打楽器の種類が増えたのだ。その先駆けになったのは、モーツァルトやハイドンの時代に、オスマントルコの軍楽隊を描写するために、シンバル、トライアングル、バスドラムが導入されたこと。これらの楽器にグロッケンシュピールやシロフォンなど鍵盤打楽器も加わって現在のようなセクションが形成された。

Percussion

第1章

名曲の編成からオーケストラの歴史を知ろう

名曲がどんな楽器を使い、どんな編成で演奏されていたのかを探って、バロックから現代に至るオーケストラの発展史をたどってみよう

1

ヴィヴァルディ の編成

　バロック初期まででバラバラな楽器で合奏していたのが、この時代になって、第1ヴァイオリン、第2ヴァイオリン、ヴィオラ、チェロ、コントラバスという弦楽五部の形に落ち着くようになった。曲によっては、オーボエとファゴットの他、ホルンやフルートなども加わった。指揮者という概念はまだなく、管楽器を含む各奏者は、バスと和声を奏でる通奏低音（P24参照）に合わせるのが基本であり、通奏低音奏者を囲む形で合奏したのである。

アントニオ・ヴィヴァルディ
（1678-1741）

ヴィオローネ

第 1 ヴァイオリン

第 1 ヴァイオリン

ソロヴァイオリン

Vivaldi

協奏曲集《和声と創意の試み》〜春の編成

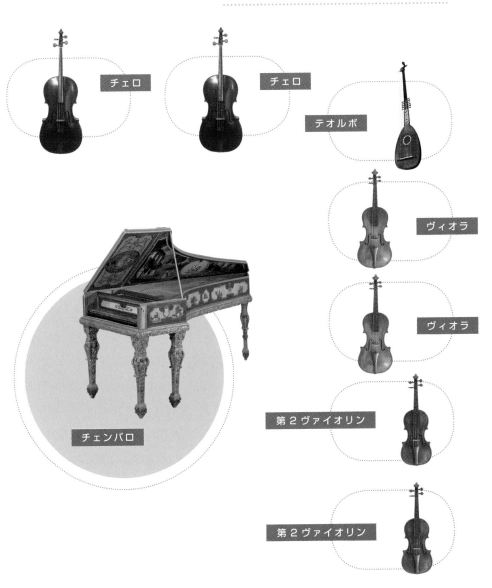

チェロ

チェロ

テオルボ

ヴィオラ

ヴィオラ

第2ヴァイオリン

第2ヴァイオリン

チェンバロ

 弦楽器  木管楽器　金管楽器　打楽器　鍵盤楽器

協奏曲集
《和声と創意の試み》〜春

バロック時代のヴェネツィアで活躍したアントニオ・ヴィヴァルディ（1678-1741）が1725年に作曲したヴァイオリン協奏曲集。12曲あるうちの最初の4曲には《春》《夏》《秋》《冬》というタイトルが付けられており、《四季》の名前で親しまれている。第1曲の《春》の3つの楽章にはそれぞれ詩が添えられており、ヴァイオリンによる小鳥のさえずりやヴィオラによる犬の鳴き声など、ヨーロッパの春の風景が詳細に描写されている。

1 通奏低音って何？

バロック時代の音楽に欠かすことができないのが通奏低音と呼ばれるパート。楽譜だけ見ると、シンプルなバスパートであるが、それだけではなく鍵盤楽器や撥弦楽器によって和声も担当する。言ってみれば、ジャズバンドのリズム隊（ピアノ、ドラムス、ベース）の役割に近いことをしているわけだ。通常は、チェンバロまたはオルガンとヴィオラ・ダ・ガンバまたはチェロなどで演奏されることが多い（前者にリュートやテオルボ、後者にヴィオローネやファゴットが入れ替わることもある）。通奏低音パートの楽譜には和音を表す数字が書き込まれている場合が多く、奏者はその数字をもとに即興で和音を演奏する。

❷ ヴァイオリンはどうして第1と第2に分かれているの❓

バロック時代のオーケストラは、通奏低音と二声のヴァイオリンによる「トリオソナタ」を基盤として発展した。そのため、各声部の人数が増えてオーケストラになっても、バスと和声を奏でる通奏低音を挟んで、第1と第2の両ヴァイオリンが対話する形が踏襲されたのである。形としては、現在のオーケストラと同じ第1ヴァイオリン、第2ヴァイオリン、ヴィオラ、チェロ、コントラバスという弦楽五部の形が形成されたものの、バス（チェロとコントラバス）とヴァイオリンの間に位置するヴィオラは、時おり重要なソロを担当することはあっても、バロック音楽では通奏低音的な役割を担っている場合が多い。

❸ トゥッティ奏者とソロ奏者の違いは❓

室内楽的な合奏から、各声部を複数人で演奏するオーケストラの形に発展すると、トゥッティ（総奏）奏者とソロ奏者の役割が区分されるようになり、次第に、腕のあるソロ奏者に華やかなパッセージを担当させる協奏曲の形が確立された。ヴィヴァルディが協奏曲のソロに起用した楽器は、ヴァイオリンが圧倒的に多く、その数は200曲を超えており、次いでチェロ、フルートなどが続くが、鍵盤楽器のための協奏曲は1曲も存在しない。この時代は指揮者はまだ存在しないので、ヴァイオリンのソリストがトゥッティのパートも弾くことで、他のトゥッティ奏者への合図も兼ねていることが多かったようだ。

聴き比べてみよう❗

当時の楽器を使った録音

●ニコラウス・アーノンクール指揮
●ウィーン・コンツェントゥス・ムジクス

ワーナーミュージックジャパン
WPCS21043

バロック仕様の楽器と弓を使用した演奏。だが、楽器の違い以上に演奏スタイルの違いの方が大きい。優雅で耳に心地良い曲というそれまでの概念を覆す鋭い切り口が聴きもの。

現代の楽器を使った録音

●ヘルベルト・フォン・カラヤン指揮
●ウィーン・フィルハーモニー管弦楽団

EMIミュージックジャパン
TOCE90015

女流ヴァイオリン奏者ムターとウィーン・フィルの弦楽器の美しさが活かされたディスク。古楽器によるバロック演奏とは異なり、しなやかで流れるようなフレーズが聴ける。

Column

通奏低音で使われた楽器たち

　バロック時代の音楽において、ソロ曲でも大編成の合奏でも、通奏低音と言われるグループは欠かすことのできない存在であった。通奏低音は、基本的に、ベースラインを弾く低音楽器と、和音を弾く鍵盤楽器（または撥弦楽器）で構成され、ソロや合奏に、ベースラインと和音とリズムを提供する役割を担っていたのである。通奏低音を受け持つ楽器は特に指定されないことも多く、バスパートを弾くチェロもしくはヴィオラ・ダ・ガンバと、和音を出すチェンバロもしくはオルガンの組み合わせで演奏されることが多かったが、その他にも様々な楽器が使われた。

和音を出す楽器たち

チェンバロ

バロック時代の通奏低音はこのチェンバロが担当することが圧倒的に多かった。ピアノと同じ鍵盤楽器であるが、弦をツメではじく構造であることから、弦楽器との相性が良かったのである。

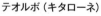

ポジティブオルガン

チェンバロに次いで通奏低音として使われたのがこのポジティブオルガン。文字どおり「移動可能な」小型のパイプオルガンのことで、チェンバロとは違い持続音が出せる特性から愛用された。音の出る仕組みが同じである管楽器との相性も良い。

テオルボ（キタローネ）

リュートの仲間で外観もよく似ているが、ネックが長く、開放弦で低音を奏でる拡張バス弦が張られている撥弦楽器。さらに長い拡張バス弦を持つローマ式のテオルボは「キタローネ」と呼ばれる（右写真）。同じ弦楽器であることから、ヴァイオリンなどの擦弦楽器との相性も良い。

バスパートを担当する楽器たち

ヴィオラ・ダ・ガンバ

4度調弦のヴィオール属のバス楽器。「ヴィオラ・ダ・ガンバ」という名称は「脚のヴィオラ」という意味で、膝の間に挟んで弾くヴィオールの仲間を指すことばであるが、一般には主にバスヴィオールを指すことが多い。柔らかい音でチェンバロとの相性が良いので通奏低音によく用いられた。

チェロ

現在でもオーケストラで使われているヴァイオリンファミリーのバス楽器。ヴィオラ・ダ・ガンバと外観は似ているが、ヴァイオリンと同じ5度音程の調弦で、力強い音を持つ。ヴィオラ・ダ・ガンバと違って指板にフレットがないので、自由な音程とヴィブラートを得ることができる。

ファゴット

これも現在のオーケストラで使用されているダブルリードのバス楽器。指孔が小さく斜めに開いているので、非常に柔らかく弦楽器にも溶けやすい音色を持っており、通奏低音楽器としてよく利用された。

バストロンボーン

他の楽器に比べるとあまり使用されなかったようだが、トロンボーンファミリーやツィンクなどとのアンサンブルでは通奏低音パートを担当した。楽器の管長が長くスライドをハンドルで操作しなければいけなかったが、音程を自由にとることができるというメリットがあった。

バッハの編成

通奏低音を中心に合奏する形式はヴィヴァルディと同じであるが、《ブランデンブルク協奏曲》の場合は、より自由な楽器編成で書かれている。まず注目すべき点は、通奏低音をつとめているチェンバロがソロ楽器としても活躍すること（特に第5番）。ヴィヴァルディの《春》のようなヴァイオリンファミリーだけでなく、ヴィオラ・ダ・ガンバやヴィオローネなどヴィオールの仲間が共に使われている点も注目したい。

ヨハン・セバスチャン・バッハ
（1685-1750）

チェロ

ヴィオラ

ヴィオラ

《ブランデンブルク協奏曲》第6番の編成

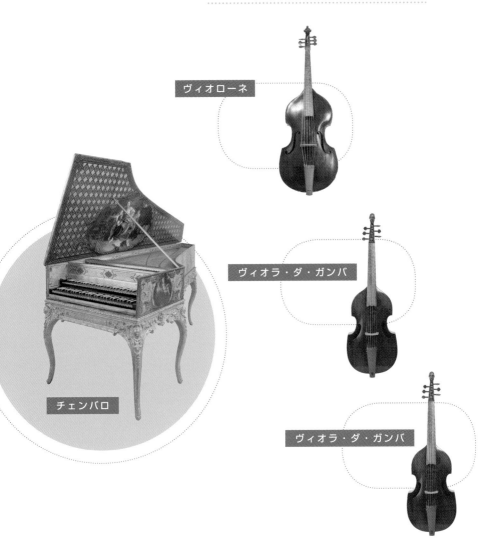

ヴィオローネ

ヴィオラ・ダ・ガンバ

ヴィオラ・ダ・ガンバ

チェンバロ

弦楽器　木管楽器　金管楽器　打楽器　鍵盤楽器

1721年 作曲

《ブランデンブルク協奏曲》第6番

　バロック後期の大家であるヨハン・セバスチャン・バッハ（1685-1750）が、1721年にブランデンブルク辺境伯クリスティアン・ルートヴィッヒに捧げた6曲から成る協奏曲集《ブランデンブルク協奏曲》の第6番。この曲にはヴァイオリンが使用されておらず、2挺のヴィオラが旋律楽器として活躍する点がユニークで、ヴィオラの他には、ヴィオラ・ダ・ガンバ2挺とチェロ、通奏低音を担当するチェンバロとヴィオローネが使われている。

第3楽章〜冒頭&終結部

① バッハがヴィオローネに望んだ役割は？

　《ブランデンブルク協奏曲》で問題になるのは、弦楽器の最低音パートが、コントラバスではなく「ヴィオローネ」という指定になっていること。ヴィオローネというのは、ヴィオール属の大型楽器で、コントラバスとは違って指板にフレットが付いていて弦の数が多い。サイズは様々で統一されておらず、その音域も楽器によって違っていたようだ。
　では、この《ブランデンブルク協奏曲》ではどのような楽器が想定されたのだろうか？
　スコアの冒頭部分を見ると、ヴィオローネパートは、基本的にチェロと同じ動きをして

おり、現在の習慣のようにヴィオローネパートをオクターブ低く読むのが妥当なように思われる。しかしながら、第3楽章の終結部（譜例）を見ると、最後の小節でヴィオローネパートの音符が突然チェロのオクターブ下を弾く形になっており、もしもこれをさらにオクターブ下げて読んだとしたら、チェロと2オクターブ離れてしまう。しかもいちばん最後のBの音は、現代の5弦コントラバスの最低音よりもさらに低い音になってしまうので非現実的である。

　と言うことは、この曲のヴィオローネパートは、チェロとほぼ同じ音域を想定していたということになり、チェロよりも厚みのある音色で通奏低音パートをサポートすることをバッハは望んでいたのだと思われる。

② ヴァイオリンファミリーと ヴィオールファミリーの対立❓

　この曲のヴィオラパートの指定は、正式には「ヴィオラ・ダ・ブラッチョ」、つまり「腕のヴィオラ」であって、膝で挟んで弾く「ヴィオラ・ダ・ガンバ」と混乱しないようにそう呼んだのだと思われる。

　いずれにしても、この《ブランデンブルク協奏曲》第6番の面白いところは、5度調弦でフレットのないヴァイオリンファミリーと、4度調弦でフレットのあるヴィオールの仲間が相対するように同数で使われている点。この先、ヴィオールの仲間は、ヴァイオリンの仲間にその座を奪われてオーケストラから姿を消してしまうわけだが、この曲は、まるでその最後の戦いを描いているようで興味深い。

聴き比べてみよう！

当時の楽器を使った録音

● シギスヴァルト・クイケン指揮
● ラ・プティット・バンド

Deutsche Harmonia
Mundi
88697683852
（輸入盤）

自筆譜の研究成果を活かして、それまでの慣習とは異なる演奏を繰り広げている。第2番ではトランペットではなく、オクターブ下のホルンが使用されている点が興味深い。

現代の楽器を使った録音

● パブロ・カザルス指揮
● マールボロ音楽祭管弦楽団

ソニー・ミュージックジャパンインターナショナル
SICC1212～4

モダン楽器による演奏。巨匠カザルスの指揮の下、高名なソリストたちが華麗な演奏を競い合う。第5番のソロは、チェンバロではなくゼルキンによるピアノで演奏されている。

Column

《ブランデンブルク協奏曲》で
活躍する独奏楽器たち

　バッハの《ブランデンブルク協奏曲》には、弦楽器、管楽器、鍵盤楽器など、実に多彩な楽器が指定されている。その中には、現在でもおなじみの楽器がある一方で、当時しか使われなかった珍しい楽器も出てくる。ピッコロトランペットのように、この曲を演奏するために後年作られたケースもある。

ヴィオリーノ・ピッコロ
（ピッコロヴァイオリン）

第1番で独奏楽器として活躍する。通常のヴァイオリンよりも小型で、調弦も4度高い。明るく繊細な高音域を持っているが、通常のヴァイオリンに駆逐されてしまった。
（大阪音楽大学音楽博物館所蔵）

ホルン

第1番の独奏楽器として2本対で使われる。この時代のホルンは、狩りの合図の道具としての特徴を色濃く残しており、ベルに手を差し入れず、片手で構えてベルを上に高く上げて吹いた。自然倍音のみで書かれており、高次倍音のクラリーノ音域※でメロディを奏でる。

※自然倍音だけで並ぶ高音域

トランペット

第2番で独奏楽器として活躍する。自然倍音のみで書かれ、ホルンと同じように高次倍音のクラリーノ音域でメロディを吹くので、非常に高い音域が要求されている。通常、この時代のトランペットはD管の指定が圧倒的に多いが、この曲はF管が指定されている。

ヴァイオリン

第2番と第5番で独奏楽器として活躍する。華やかな音を持ち、音程も自由にとることができたので、バロック時代の花形独奏楽器であった。

リコーダー

第2番で独奏楽器として活躍する他、第4番では2本ペアで使われる。バロック時代には、横笛であるフラウト・トラヴェルソと同じくらい活躍した。基本的に独奏のときはF管のアルトリコーダーが使われる。

フラウト・トラヴェルソ

バロック時代のフルート。第5番で独奏楽器として活躍する。フリードリヒ大王をはじめ、多くの貴族や王族が嗜んでいたので、バッハなど大作曲家たちがソロ曲を書いている。

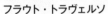

オーボエ

第2番で独奏楽器として活躍する他、第1番では3本で使用されている。バロック時代には、フラウト・トラヴェルソやリコーダーと共に親しまれていた。

チェンバロ

すべての曲で通奏低音楽器として欠せないが、第5番では独奏楽器としても活躍し、華麗なテクニックを見せつける。鍵盤楽器の協奏曲の先駆けと看做されている。

Column

©studio-mickey.com

写真左からサラ・クイケン、シギスヴァルト・クイケン（ヴィオラ）、寺神戸亮（ヴィオロンチェロ・ダ・スパッラ）、エヴァルト・デメイエール（チェンバロ）、ヴィーラント・クイケン（バス・ドゥ・ヴィオロン）、福沢宏、中野哲也（ヴィオラ・ダ・ガンバ）

《ブランデンブルク協奏曲》の演奏風景

　2008年9月12日におこなわれた第10回福岡古楽音楽祭グランドコンサートの様子（アクロス福岡シンフォニーホール）。演奏曲目はバッハの《ブランデンブルク協奏曲》第6番で、チェロのパートをヴィオロンチェロ・ダ・スパッラで、ヴィオローネのパートをバス・ドゥ・ヴィオロンで演奏している。

ヴィオロンチェロ・ダ・スパッラとは？
膝に挟んで弾くのではなく、ヴァイオリンのように構えて弾く小型のチェロ。バロック時代の絵画などで確認することができる。最近になって復元され、シギスヴァルト・クイケンや寺神戸亮らが積極的に演奏している。

バス・ドゥ・ヴィオロンとは？
これもチェロの一種で、普通のチェロよりもやや大きい。ヴィオローネと指定しているパートが、このバス・ドゥ・ヴィオロンのことを指していることもあり、古楽の世界では最近になって使用されるようになった。

神や王族の象徴だった
バッハ時代のトランペット

　バロック時代には、トランペットの非常に高い音域が必要になる曲が数多く存在する。中でも、バッハが書いた曲に難曲が多いことは有名だ。バッハの作品では、トランペット3本がセットで使われることが多く、いちばん上の声部のクラリーノパートにはきわめて難しい高音域が求められた。当時のトランペットにはヴァルヴ装置が付いていなかったので、メロディを吹くためには、高音域になって音階が並ぶ自然倍音を唇の調整で吹きこなさなければいけなかったのだ。華やかな高音域はバロック時代の音楽の趣味と見事に一致したので重宝されたのである。

　この時代、トランペットは、王族などの権力を象徴すると共に、キリスト教の神の存在をイメージさせる楽器でもあった。3本のトランペットで奏されるドミソの調和した和音は「三位一体」を意味するものとしてバッハの楽曲の中で使われている。

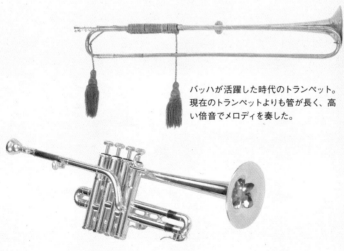

バッハが活躍した時代のトランペット。現在のトランペットよりも管が長く、高い倍音でメロディを奏した。

現在、バッハの作品を演奏するときに使うピッコロトランペット。バッハの時代の楽器の1/4の長さしかなく、ピストンヴァルヴの操作でメロディを奏でる。

ヘンデルの編成

　イギリスで活躍したヘンデルも、基本的にはヴィヴァルディやバッハと同じ小編成のオーケストラを想定して作曲していたが、《王宮の花火の音楽》は例外。屋外での巨大な編成による演奏を想定したので、初演では、なんとオーボエ24本、ファゴット12本、トランペット9本、ホルン9本、コントラファゴットとセルパン、ティンパニ3セット、複数のスネアドラムが使用されたと言われており、後年これに弦楽器も加えられている。

ゲオルク・フリードリヒ・ヘンデル
（1685-1759）

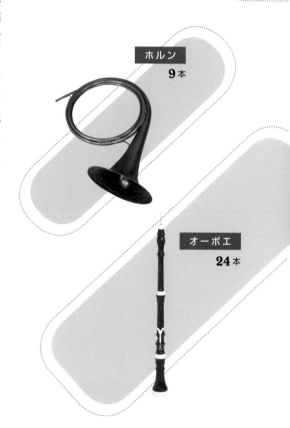

ホルン
9本

オーボエ
24本

《王宮の花火の音楽》の編成

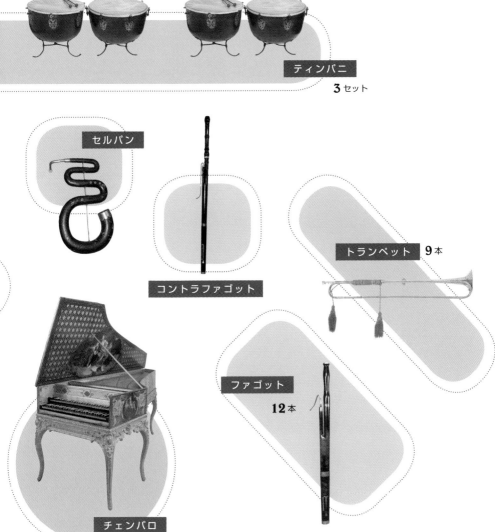

ティンパニ
3セット

セルパン

コントラファゴット

トランペット **9**本

ファゴット
12本

チェンバロ

弦楽器　　木管楽器　　金管楽器　　打楽器　　鍵盤楽器

コントラファゴット：ⒸGuntram Wolf

《王宮の花火の音楽》

ドイツからイギリスに帰化したゲオルク・フリードリヒ・ヘンデル（1685-1759）が、オーストリア継承戦争終結の「アーヘン講和条約」締結の祝典のために作曲した野外用の音楽。花火大会と共に演奏されたことからこの名が付いている。初演は大規模な編成の管楽器と打楽器のみでおこなわれたようだが、現在では通常のオーケストラ用に編曲された版で演奏されることが多い。曲は、序曲、ブーレー、平和、歓喜、メヌエットの5つの曲から成る。

序曲～冒頭

① 「トリオ」の由来はオーボエとファゴット❓

　バロック時代、弦楽合奏にオーボエとファゴットが加えられることが多かった。具体的には、第1オーボエが第1ヴァイオリンと同じパートを、第2オーボエが第2ヴァイオリンと同じパートを受け持ち、ファゴットは通奏低音パートを吹くというのがセオリーだった。オーボエとファゴットは弦楽器ととても相性が良いので、合奏を補強する上で非常に都合が良かったのだが、混ざった響きばかりではつまらないので、メヌエットなどの中間部で弦楽器が休んでオーボエ2本とファゴットだけが奏するというスタイルがしばしばおこなわれた。それが中間部を「トリオ」と呼ぶようになった由来だと言われている。

② バロック時代のホルンは華やかなキャラクターだった❓

　ホルンというと、柔らかい響きで木管楽器ともよく溶け合うというイメージが強いが、バロック時代のホルンはまだそういうキャラクターを持つ楽器ではなかった。ホルンは基本的に、野外の狩りの際に合図をする道具であって、ひたすら目立つ音で吹き鳴らされていたのである。現在のホルンは、ベルに右手を差し入れて柔らかい音を出しているけれど、ヘンデルの時代にはまだ手を差し入れる習慣はなく、ベルを上にかざしてより遠くまで聴こえるようにしていたのだ。

　このヘンデルの《王宮の花火の音楽》は、まさにそうした野性的なホルンのキャラクターを前面に出した曲であり、同じく合図の道具でもあったトランペットとの華麗な掛け合いを聴くことができる。この時代、トランペット奏者がホルンに持ち替えて吹くことが多かったということも記しておこう。

聴き比べてみよう❗

当時の楽器を使った録音	現代の楽器を使った録音

●エルヴェ・ニケ指揮
●ル・コンセール・スピリチュエル

Glossa
GCDSA921616
（輸入盤）

●ジャン＝フランソワ・パイヤール指揮
●パイヤール室内管弦楽団

ΠCA
82876553042
（輸入盤）

総勢100名による古楽器の大合奏で当時の演奏を再現したディスク（P44参照）。トランペットやホルンは、当時と同じように唇の調整による自然倍音だけで吹いている。

モダン楽器による典型的な演奏。古楽器のナチュラルホルンやナチュラルトランペットのような野性味は強調せず、弦楽器主体のしなやかな美しい響きで全体をつくりあげている。

モーツァルト
の編成

バロック時代から古典派時代に入り、モーツァルトの時代になると、通奏低音という概念が次第に薄れ、現在のように、弦楽五部を基盤として管楽器と打楽器が加わる近代オーケストラの形が形成されるようになった。通奏低音の役割から解放されたチェロやファゴットなどの低音楽器たちは、独自のパートで活躍するようになったのである。それまであまり重要視されていなかったヴィオラパートが充実し始めたことにも注目したい。

ヴォルフガング・アマデウス・モーツァルト
（1756-1791）

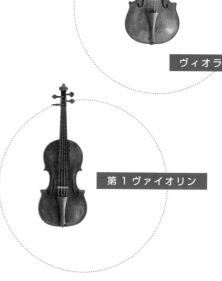

ヴィオラ

第1ヴァイオリン

Mozart

40

セレナーデ第13番《アイネ・クライネ・ナハトムジーク》の編成

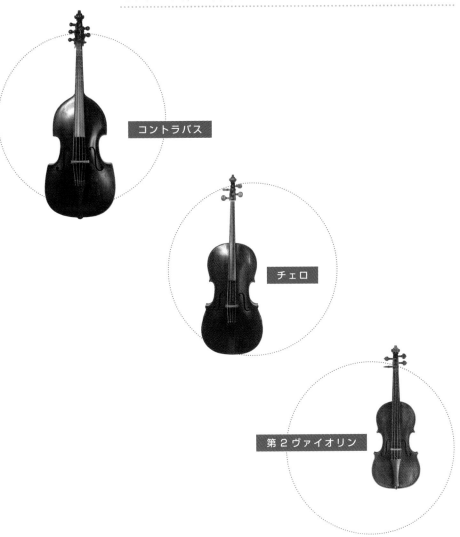

コントラバス

チェロ

第2ヴァイオリン

弦楽器 木管楽器 金管楽器 打楽器 鍵盤楽器

セレナーデ第13番ト長調
《アイネ・クライネ・ナハトムジーク》

ヴォルフガング・アマデウス・モーツァルト（1756-1791）が、1787年にウィーンで作曲した曲。弦楽五部のために書かれているが、弦楽合奏で演奏される以外に、1パート1人ずつの弦楽五重奏で演奏されることもある。曲は、アレグロ、ロマンツェ、メヌエット、ロンドの4つの楽章から成り、モーツァルト自身が書いた目録には、現在の第3楽章とは別のメヌエット楽章を含む5つの楽章から成ると記されているが、該当楽章は失われてしまったようだ。

第1楽章〜冒頭

1 高声と低声の対話の魅力

バロック音楽は、基本的にバスと和音を奏でる通奏低音を中心にして二声のヴァイオリンが対話する形になっていたが、古典派時代に入り低音楽器が通奏低音の仕事から解放されると、低音楽器たちが雄弁に歌を歌うようになり、ヴァイオリンを中心とした高声とチェロとコントラバスの低声が対話する形がしばしば採用されるようになった。この《アイネ・クライネ・ナハトムジーク》でもその用法が実にうまく活かされている。

管楽器の場合も、バロック時代の華やかな高音よりも、落ち着いた中低音域が好まれるようになり、バロック時代には評価されなかったクラリネットやホルンの中低音域が頻繁に使われるようになった。

② 第2ヴァイオリン以下の刻みに注目！

　モーツァルトの管弦楽曲では、第1ヴァイオリンが旋律を担当することが多く、第2ヴァイオリン以下は伴奏を担当していることが多い。つまり、ポリフォニックな様式を重視するバロック音楽から、シンプルな旋律美を大切にする古典派スタイルに変化したのである。《アイネ・クライネ・ナハトムジーク》もその典型的な書法で書かれており、冒頭の全楽器による分散和音のあと、第1ヴァイオリンだけが旋律を奏で、第2ヴァイオリン以下は伴奏を奏でている。興味深いのは、ヴィオラ、チェロ、コントラバスが8分音符で刻んでいるのに対して、第2ヴァイオリンがその倍の16分音符で刻んでいる点（譜例）。これによって、まるで16ビートのロックのようなリズム感が生まれているのである。

③ コントラバスがチェロのオクターブ下を弾く効果

　モーツァルトの低音弦楽器パートには、単にバスと書いてある曲がある。今でもウィーンの伝統的な居酒屋の音楽としてヴァイオリン2挺とコントラバスで田舎のダンスを演奏したりしているが、バロック時代のトリオソナタのように、チェロなしでコントラバスだけでバスパートを演奏することも多かったようだ。しかし、この《アイネ・クライネ・ナハトムジーク》のように「チェロとコントラバス」と書いてあるものもあり、チェロのオクターブ下の音を大きなコントラバスが弾く安定感は他の追随を許さない。当時のウィーンでは大きなサイズのコントラバスが使われていたので、モーツァルトはその響きを愛したのだろう。

聴き比べてみよう！

当時の楽器を使った録音

●クリストファー・ホグウッド指揮
●ザロモン弦楽四重奏団

ユニバーサルミュージック
UCCD2029

大勢のオーケストラの形態ではなく、各声部を1挺ずつにして室内楽の形で演奏している。かつてはあったという第2楽章を他の曲から転用して加えている点にも注目。

現代の楽器を使った録音

●ジェイムズ・レヴァイン指揮
●ウィーン・フィルハーモニー管弦楽団

ユニバーサルミュージック
UCCG6007

各声部は複数人数で演奏されており響きも厚くなっている。演奏スタイルはウィーン流で、しなやかで美しい。第1と第2ヴァイオリンが向かい合う対向配置が採用されている。

メッツ・アーセナル（フランス）での演奏

ヘンデル《王宮の花火の音楽》の演奏風景

　エルヴェ・ニケ指揮ル・コンセール・スピリチュエルのコンサートの模様。ヘンデルの《王宮の花火の音楽》と《水上の音楽》が総勢80名の古楽奏者たちによって演奏された。各9名ずつのトランペット奏者、ホルン奏者の他、18名のオーボエ奏者、8名のファゴット奏者が並ぶさまは壮観。両側に配置された3メートル近い巨大なコントラファゴットの姿も話題になった。

　トランペットとホルンは、指孔の開閉はハンドストップによる音程調節をおこなわず、片手で構える当時の演奏スタイルを忠実に再現した。

左端に巨大なコントラファゴットが見える

古典派時代のオーケストラに管楽器が
常時参加できるようになったわけは❓

　モーツァルトの交響曲の場合、初期の作品では弦楽五部の他、2本のオーボエと2本のホルンが加わっているケースが多い。これは、バロック時代のホルンがニ調など特定の調しか演奏できなかったのに対して、モーツァルト時代のホルンが、クルークと呼ばれる替え管を付け替えることで様々な調性に対応できるようになったことが背景にある。さらに、ホルンが、ベルに差し入れた右手の加減によって、自然倍音以外の音を出すことができるようになったことも大きい。この副産物として、オーケストラに溶け込む柔らかい音色を獲得したことも忘れてはいけないだろう。

　それに対して、トランペットはニ調かハ調にしか対応できなかったので、それ以外の調性の曲に参加することはできなかった（トランペットとペアで使われたティンパニも同様）。結果として、第39番を除いてモーツァルトの交響曲にはニ長調の曲とハ長調の曲にしかトランペットとティンパニは登場しないのである。ザルツブルクのオーケストラでは、トランペットが降り番のときにホルンを吹いていたので、第18番や第25番ではホルンが4パートになっている。

　一方、フルートが初期の交響曲であまり出番がないのは、オーボエ奏者が持ち替える伝統がザルツブルクに残っていたからに他ならない。緩徐楽章でフルートに持ち替えるパターンも多かった。後期の曲ではフルートの出番は多くなるものの、最後の3曲（第39番、第40番、第41番）にはフルートは1本しか使われていない。これは当時のウィーンのスタイルによるもので、ハイドンやベートーヴェンでも同じ例が見られる。

　そして最後に古典派の管楽器用法で重要なクラリネットについて触れておこう。クラリネットという楽器は、バロック時代から存在していたにもかかわらず、オーケストラに定席を得るのには時間がかかった。その理由としては、専門奏者が育たなかったというのもあるだろうが、もう1つ、クラリネットがその倍音構造上の制限から（強く吹くと12度高くなるので、指孔だけで音階を埋めることができなかった）、各調に対応できなかったというのも大きい。そのため、モーツァルトの時代になると、オーボエと同じC管以外に、フラット系の曲に対応するB管、シャープ系に対応するA管などを持ち替えることで対処するようになったのだ。

ハイドンの編成

　モーツァルト同様、ハイドンの時代になると、弦楽五部に2本ずつの管楽器とティンパニが加わるオーケストラが一般的になってきた。ただし、ハイドンが仕えたエステルハージのオーケストラは非常に人数が少なく、曲もそれを想定して書いてあるのに対して、後期のロンドンで大編成のオーケストラを体験してからの書き方はまったく別物だと言っていいだろう。ロンドン時代に書いた交響曲には2本のクラリネットも加わるようになった。

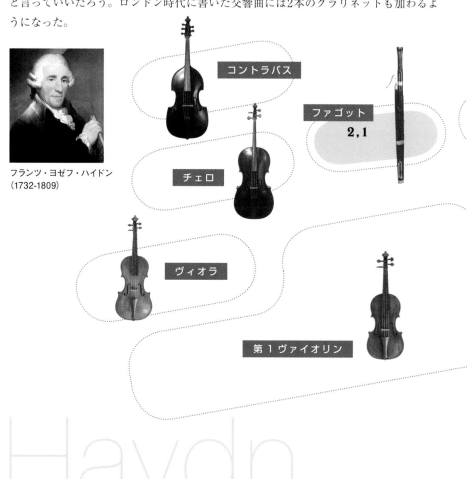

フランツ・ヨゼフ・ハイドン
（1732-1809）

コントラバス

ファゴット
2, 1

チェロ

ヴィオラ

第1ヴァイオリン

Haydn

交響曲第88番《V字》の編成

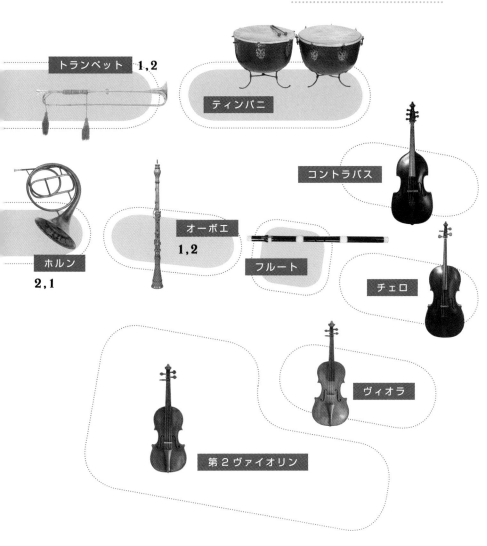

トランペット **1, 2**

ティンパニ

コントラバス

ホルン
2, 1

オーボエ
1, 2

フルート

チェロ

ヴィオラ

第2ヴァイオリン

弦楽器　　木管楽器　　金管楽器　　打楽器　　鍵盤楽器

交響曲第88番ト長調《V字》

フランツ・ヨゼフ・ハイドン（1732-1809）が、エステルハージ家の楽団のヴァイオリン奏者ヨハン・ペーター・トストの依頼で1787年に作曲した交響曲。「V字」の愛称で知られているが、これはハイドンの交響曲出版時に、番号ではなくアルファベットで整理された名残りで、曲想とは何ら関係ない。前期の交響曲とは違って、オーケストラの編成も大きくなっており、楽器用法を駆使した豊かな音楽性とユーモアの表出はハイドンの真骨頂だ。

第2楽章〜冒頭

① 各楽器にソロが出てくるわけは❓

ハイドンが仕えていたエステルハージ家は、各楽器の名手を集めてオーケストラを編成しており、ハイドンは彼らのために多くの曲を書いたのだが、このオーケストラは人数が少なく、当初は16人程度で、1780年代になっても24人しかいなかった。そのため、交響

曲でも各々の名手をフィーチャーしたソロが出てくるのである。

第88番の第2楽章でも、独奏オーボエと独奏チェロがユニゾンで主題を奏でる形になっており、このスタイルはのちのシューマンの第4交響曲にも継承されている。楽団員がソロを演奏したあとに蠟燭の火を消して席を立つ第45番《告別》も、少数精鋭のオーケストラだから可能だったのだろう。

② ト長調でトランペットとティンパニを使った効果

モーツァルトは、一部の例外を除いて基本的にハ長調とニ長調の曲でしかトランペットとティンパニを使わなかった。これは、当時のトランペット奏者が宮廷に雇われており、そこで使う楽器がD管とC管に限られていたからである（宮廷トランペット奏者たちは、楽器の下に紋章を縫った旗を付けなければならず、その長さに適しているのがD管とC管だったのだろう）。同じくティンパニ奏者も宮廷に雇われていたので、オーケストラは必要な曲のときだけ彼らをセットで呼んだのだ。

ところが、この第88番がそうだが、ハイドンはハ長調とニ長調だけでなくト長調の曲にも積極的に両者を使用している。第94番《驚愕》、第100番《軍隊》などもそう。これらの曲に共通するのは、モーツァルトの交響曲では沈黙していた第2楽章でトランペットが活躍すること。つまり、ト長調の曲でC管やD管を使うことで、下属調のハ長調（または属調のニ長調）の第2楽章で活躍させることができたというわけ。本来なら穏やかで退屈な第2楽章で、聴き手を大音量でびっくりさせたり、突然軍隊ラッパを鳴り響かせることができたのは、こうした工夫があったからに他ならない。その代償として、第88番では第1楽章でトランペットが沈黙しているのである。

聴き比べてみよう！

当時の楽器を使った録音

●フランス・ブリュッヘン指揮
●18世紀オーケストラ

ユニバーサルミュージック
UCCD4293

モダン楽器による演奏とは違い、少ない人数でシャープな演奏を繰り広げている。アーティキュレーションははっきりしており、トランペットとティンパニも鋭く自己主張する。

現代の楽器を使った録音

●サイモン・ラトル指揮
●ベルリン・フィルハーモニー管弦楽団

EMI
CDS3942372
（輸入盤）

モダン楽器ならではの機動力を活かした演奏。ベルリン・フィルの名手たちが担当する各楽器のソロも古楽器にはない表現力が魅力的。ウィットに溢れたラトルならではの名演。

ベートーヴェン の編成

19世紀に入ると、オーケストラの編成は大きくなり、ベートーヴェンの交響曲では、どんな調の曲でもトランペットとティンパニが常時加わるようになった（クラリネットも）。また、常にではないが、それまで交響曲ではあまり使われることのなかったトロンボーンやピッコロ、コントラファゴットなども使用されるようになる。コントラバスがチェロと独立した声部を持つようになったこともこの時代の特徴として挙げておこう。

ルートヴィヒ・ヴァン・ベートーヴェン
（1770-1827）

クラリネット
2,1

ホルン
1,2

フルート **1,2**
（ピッコロ）

コントラバス

チェロ

第1ヴァイオリン

Beethoven

交響曲第5番の編成

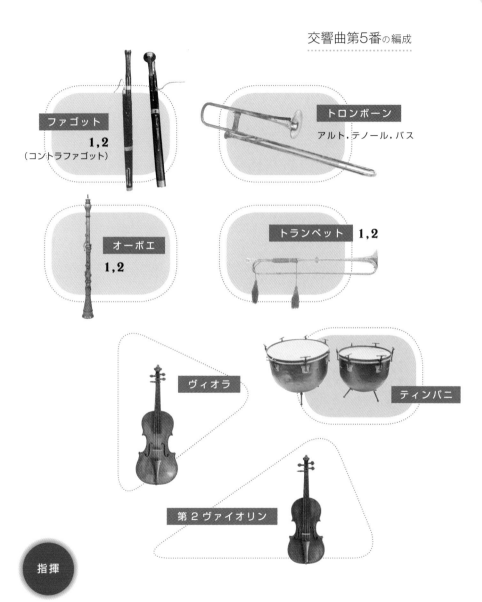

ファゴット
1,2
（コントラファゴット）

トロンボーン
アルト，テノール，バス

オーボエ
1,2

トランペット **1,2**

ヴィオラ

ティンパニ

第2ヴァイオリン

指揮

弦楽器　　木管楽器　　金管楽器　　打楽器　　鍵盤楽器

交響曲第5番ハ短調

　全部で9曲あるルートヴィヒ・ヴァン・ベートーヴェン（1770-1827）の5番目の交響曲。"運命"の愛称で呼ばれているが、これはベートーヴェンが付けたものではない。第4楽章で、それまでの交響曲ではほとんど使われることのなかったトロンボーン、ピッコロ、コントラファゴットを使ったり、第3楽章と第4楽章の間を切れ目なくつなぐなど、当時としては斬新なアイデアがたくさん盛り込まれている。短いモチーフを巨大な建造物のように構築していくスタイルは、のちの作曲家たちに多大なる影響を与えた。

1　冒頭の主題にクラリネットが入っている効果は？

　この第5番は、冒頭でいきなり力強いモチーフが提示されることで有名であるが、ここにクラリネット2本が加わっていることは意外に知られていない。クラリネットは、鳴らしにくい「スロートノート」と呼ばれる音域で演奏しているので、弦楽器の強奏の中から聴き取るのは難しいかもしれない。だが、クラリネットが加わった響きは弦楽器だけのも

のとは明らかに違うのだ。このモチーフは「運命が扉を叩く音」と説明されることが多いが、実は、弟子のツェルニーは「キアオジという鳥の鳴き声からヒントを得た」と証言しており、鳥の鳴き声という意味でもクラリネットの音色が必要だったのかもしれない。

2 トランペットが神の声に聴こえたわけは？

第2楽章では、穏やかな空気を引き裂くようにトランペットを中心とした管楽器によるファンファーレが吹き鳴らされる。ここで、2本のトランペットがハモっているが、実際に当時のナチュラルトランペットで演奏してみると、もう1つ誰も吹いていない低音が聴こえてくるのだ。これは、「差音」と呼ばれ、両方の周波数の差の振動数の音が聴こえるというもの。バッハの時代までは、トランペットは3本セットで演奏することが多く、その和音が「三位一体」を表すとされてきたのだが、ベートーヴェンの時代になって2本に減ってしまっても聴衆にはまるで神の声のように3つめの音が聴こえていたのである。

3 第4楽章でトロンボーンが使われた意味は？

トロンボーンという楽器は、自由な音程をとれることから、長年教会で合唱の補強として使われてきた。そのため、世俗のオーケストラで使われることはほとんどなく、モーツァルトやハイドンの作品でも主に宗教曲と歌劇の宗教的なシーンでのみ使われている。

そんなトロンボーンを世俗の交響曲で使用したのがベートーヴェンであるが、それでもその使用に関しては控え目だ。第5番では第4楽章のみの使用であるし、第6番も第4、第5楽章、第9番も第2、第4楽章の一部でしか登場しない。これらの場面に共通するのは神の存在なので、おそらくベートーヴェンもこの楽器の伝統的な使用法を意識したのだろう。

聴き比べてみよう！

当時の楽器を使った録音

● ジョス・ファン・イン
マゼール指揮
● アニマ・エテルナ

Zig-Zag Territoires
KDC5044
（輸入盤）

「運命」というタイトルによる先入観で肥大化した解釈を排除して、ベートーヴェンが書いたとおりの形式美を浮かび上がらせることに成功している。ピッチはA＝440を採用。

現代の楽器を使った録音

● カルロス・クライバー
指揮
● ウィーン・フィルハーモ
ニー管弦楽団

ユニバーサルミュージック
UCCG4601

伝説的指揮者カルロス・クライバーとウィーン・フィルが残した名盤。スマートな解釈ながら、モダンオーケストラが持つ強靭さとダイナミックレンジがフルに活かされている。

ベートーヴェン時代のトランペットは
どうやって音階を得ていた？

　古典派時代、ホルンは、ベルに差し入れた手の加減で自然倍音以外の音を得る「ハンドストップ奏法」が確立され、木管楽器と肩を並べるソロ楽器として活躍するようになっていた。ベートーヴェンもその技巧を活かしたソロを彼の交響曲の中でたくさん書いている。

　一方、トランペットの方は、音を自在に変えるヴァルヴ装置はまだ普及しておらず、バロック時代と同じように自然倍音のみを奏でていたのだが、ファやラの音が調子っぱずれになってしまうという問題があった。

　バロック時代は、ホルンも同じ音程で演奏していたので大きな問題は生じなかったと思われるが、ベートーヴェンの交響曲を当時の楽器で演奏すると、ホルンだけハンドストップで修正した結果、トランペットと音程がずれてしまうという問題が発生してしまう。

　そこで、現在の古楽奏者たちは、ナチュラルトランペットに複数の指孔を開けてその開閉で修正しているのだが、この方式はベートーヴェンの時代には存在しなかった（指孔が開けられたのは第二次大戦後の1950年代）。

　では、ベートーヴェンの時代はどうしていたのかと言うと、1つには、ホルンが強奏時にハンドストップをしていなかった可能性も考えられるが、もう1つ、トランペットがホルンと同じようにハンドストップで修正していた可能性もある。事実、この時代には管体を三日月型に曲げてベルに手を差し入れる「インヴェンショントランペット」が使われていたのだ。

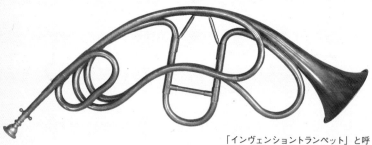

「インヴェンショントランペット」と呼ばれるハンドストップトランペット。その形状からデミルーン（三日月）トランペットとも呼ばれる。

フランス革命がきっかけで変化した
トランペットの調性

　P45でも触れたとおり、18世紀後半までトランペットの調性はD管かC管が大半を占めていたので、ニ長調やハ長調以外の曲では基本的に出番がなかった。ところが、フランス革命が勃発した1780年代を過ぎると、D管よりも半音高いEs管のトランペットが交響曲でも使われるようになる。ハイドンの交響曲第99番、ベートーヴェンの交響曲第3番《英雄》などがそうだ。

　もっとも、大衆の間で流行していたハルモニームジーク（管楽合奏）は、ホルンやクラリネットがEs管やB管で曲もその調性だったので、民衆はフラット系の調が耳になじんでいた。そのフラット系のEs管トランペットが革命後に交響曲で使われるようになったのは、まさに民衆が勝利した革命の象徴的な出来事であると言っていいだろう。

　実は、革命の時期、それまで宮廷に雇われて高い身分を保証されていたトランペットギルド（組合）が崩壊している。つまり、彼らは、自分たちの都合でニ長調やハ長調など特定の調しか吹かないというそれまでのスタンスをとることができなくなったのだ。

　ベートーヴェンの交響曲では、ホルン奏者のように様々な調のクルークを差し替えることで、すべての調に対応している。あのベートーヴェン独自の力強い響きは、この出来事がなければ実現しなかったのだ。

ベルリオーズ の編成

シンバル

大太鼓

　19世紀前半、フランス革命をきっかけに各国で軍楽隊が盛んになり、そこで使われた楽器がオーケストラでも用いられるようになった。ベートーヴェンの交響曲第9番でも、行進曲でシンバル、トライアングル、バスドラムというトルコ由来の軍楽隊楽器が使用されたが、それ以上に革新的だったのがベルリオーズの《幻想交響曲》における楽器起用法である。オフィクレイド、Es管クラリネットなど新しいサウンドのオンパレードなのだ。

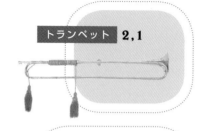

トランペット **2,1**

ホルン
4,3,2,1

コントラバス

エクトール・ベルリオーズ
（1803-1869）

ハープ

第1ヴァイオリン

Berlioz

《幻想交響曲》の編成

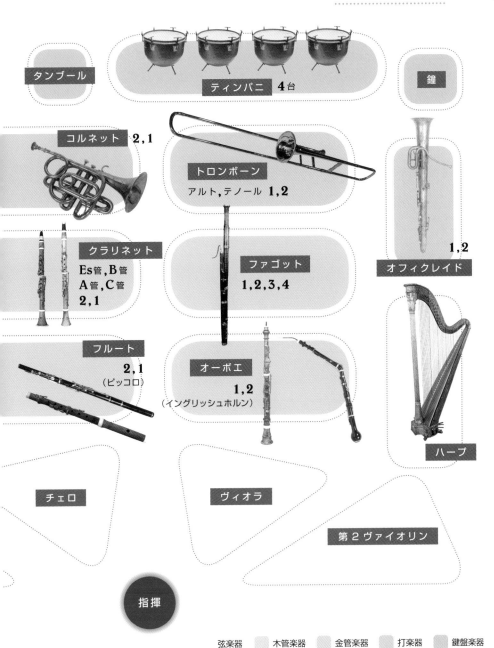

タンブール

ティンパニ **4**台

鐘

コルネット **2, 1**

トロンボーン
アルト, テノール **1, 2**

オフィクレイド **1, 2**

クラリネット
Es管, B管
A管, C管
2, 1

ファゴット
1, 2, 3, 4

フルート
2, 1
（ピッコロ）

オーボエ
1, 2
（イングリッシュホルン）

ハープ

チェロ

ヴィオラ

第2ヴァイオリン

指揮

弦楽器　　木管楽器　　金管楽器　　打楽器　　鍵盤楽器

《幻想交響曲》

　フランスの作曲家エクトール・ベルリオーズ（1803-1869）が1830年に作曲した全5楽章の交響曲。失恋の絶望から阿片を吸った芸術家が奇異な幻想を見るといった内容を描いた表題音楽になっている。鐘や軍楽隊楽器など斬新な楽器用法の他、ワルツの使用、バンダ（舞台裏で演奏する）の導入など、それまでの交響曲の概念を打ち崩すアイデアに溢れた金字塔的作品。結果として、交響曲から交響詩へという道を開くきっかけとなった。

第4楽章〜冒頭

1 斬新な軍楽隊楽器の使用

　《幻想交響曲》でまず注目すべきは、それまでオーケストラでは使われなかった楽器を多数使用したことである。第2楽章のハープ、第5楽章の鐘もそうであるが、ピストンコルネット、オフィクレイドなど、古典派時代には存在しなかった新楽器をいち早く導入した功

績は大きい。また、Es管クラリネットという軍楽隊楽器を初めて交響曲で使用したのもこの曲の斬新なところ。同じ小型クラリネットでも、バロック時代に愛用された半音低いD管クラリネットとは違い、軍楽隊でピッコロと共にけたたましい音を奏でていたこの楽器を、ベルリオーズはパロディとして使用したのだ。その後マーラーがこれに追随する。

② 伝統を打ち破るベルリオーズのティンパニ用法

18世紀まで宮廷に仕えていたティンパニ奏者には、長い伝統を守るしきたりがあった。その中で最も重要だったのは、1人の奏者が2個のティンパニを叩くこと。この伝統は、かつて馬にティンパニを載せて叩いていたことに由来するもので、楽器用法の改革に意欲的だったベートーヴェンやワーグナーでさえ守っている。

それに対して、ベルリオーズはこの伝統を打ち破るティンパニ用法を試しており、《幻想交響曲》にも4人の奏者が1台ずつ音程の違うティンパニを叩く指示がある。おそらくフランス革命によって宮廷に仕えるティンパニ奏者たちのしきたりが途切れてしまったことも背景にあったのだろう。

③ トロンボーンの不気味なペダルトーンがもたらす効果

《幻想交響曲》の第4楽章を耳を澄まして聴くと、トロンボーンの不気味な低いサウンドが聴こえてくる。これは「ペダルトーン」と呼ばれる低音奏法で、唇を緩めることで普段は使わない第1倍音を鳴らしているのだ。おそらく、歴史上この倍音を使ったのはベルリオーズが最初であり、その後の作品でも20世紀に入るまでほとんど使われていない。

ベルリオーズは、この音を第3トロンボーン奏者（一部第2トロンボーン奏者も）に担当させているが、通常の長いバストロンボーンではこの音を出すことはできない。彼はバストロンボーンを忌み嫌い、テノールトロンボーンを指定したので出すことができたのである。

聴き比べてみよう！

当時の楽器を使った録音

● ジョス・ファン・インマゼール指揮
● アニマ・エテルナ

Zig-Zag Territoires
KKC5074
（輸入盤）

ベルリオーズが指定した楽器を忠実に再現することで、グロテスクな表現が浮き彫りになっている。通常の鐘では楽譜に書かれた低い音が出ないのでピアノが使用されている。

現代の楽器を使った録音

● サイモン・ラトル指揮
● ベルリン・フィルハーモニー管弦楽団

EMIミュージックジャパン
TOCE90030

古楽器的な表現をやめ、モダンオーケストラによる最適な表現を追求した演奏。金管楽器や打楽器が野蛮に咆哮することなく、交響曲としての美しい響きが全体を支配する。

Column

ベルリオーズがオーケストラに
導入した楽器たち

　ベルリオーズが活躍した19世紀前半は、フランス革命で重要な役割を担った軍楽隊が各国で盛んになり、そこで使う新しい楽器も次々と生み出された。特に、金管楽器は、産業革命によって材料の真鍮が容易に入手できるようになったことと、炭坑の坑内に空気を送る弁からヒントを得たというヴァルヴ装置が発明されたことから、自由な音階が演奏可能な新楽器が数多く発表されるようになったのである。

　ベルリオーズは、そんな新楽器たちを積極的に自作の管弦楽曲で使用した作曲家で、彼の作品には、現在では博物館でしかお目にかかることのできない楽器の名前も多く見られる。

オフィクレイド
1817年にフランスのアラリが発明した有鍵低音金管楽器。それまで、セルパンやバスホルンのように、木製のボディと小さい指孔で音程を変えていたものを、金属製のボディと半音順の大きなトーンホールで操作するようにした。ベルリオーズは、バスチューバが登場した以降もこの楽器をオーケストラで使用している。

コルネット
19世紀に入り、ドイツ生まれのヴァルヴ楽器がフランスに紹介されたことにより、フランスで生み出されたヴァルヴ楽器。宮廷時代の伝統を背負ったトランペットとは違い、短い管長で自由な音階を得ることができたので、高音域の旋律楽器として重宝された。ベルリオーズの《幻想交響曲》では、管の長いナチュラルトランペットと併用して使われている。

セルパン

蛇のような形をした低音のリップリード楽器で、楽器が軽量なことから、19世紀前半まで軍楽隊のバス楽器として使用された。フランスでは、教会でグレゴリオ聖歌を歌うときに補強で伴奏する習慣があり、ベルリオーズは《荘厳ミサ》で使用している。

ビュッサン

ベルの先が龍の頭の形になっているバストロンボーン。「ビュッサン」という名称は古代ローマ時代の楽器から拝借したもので、外観も古代ローマ時代の楽器をイメージして作られた。19世紀初頭にフランスの軍楽隊で使われたが、ベルリオーズはその不気味な外観から、セルパンと共に《荘厳ミサ》で指定している。

サクソルン

ベルギー生まれの楽器製作者アドルフ・サックスが考案したヴァルヴで操作する金管楽器群。彼が発表したサクソフォンファミリーと同じように、ソプラノからコントラバスまであり、ベルリオーズは歌劇《トロイ人》の中で、ステージ上に出てくるバンドに指定している。

Es管クラリネット

軍楽隊の高音パートを担当する楽器としてDes管ピッコロと共に使用された。ベートーヴェンの時代は、さらに小さいF管クラリネットが使用され、楽団の先頭でバトン代わりに使われたらしい。非常に甲高い音がするので、オーケストラで使用することは敬遠されていたが、ベルリオーズは、その特性を逆手にとって《幻想交響曲》でパロディとして使用した。

ワーグナー の編成

シンバル

19世紀半ばを過ぎると、木管楽器に機能的なメカニズムが付き、金管楽器にはヴァルヴ装置が装着されるようになったので、作曲家たちは、管楽器パートにも自由な半音階を書くことができるようになった。また、楽器製作者たちが、競い合うように新しい楽器を開発するようになったのもこの時期の特徴で、ワーグナーは、自身の楽劇に必要な理想の音を求めて、楽器製作者たちにそのアイデアを伝えて数多くの新楽器を世に発表している。

ワーグナー
チューバ

バス **1,2**
テノール **1,2**

バス
トランペット

コントラバス
チューバ

ホルン
4,3
2,1

リヒャルト・ワーグナー
(1813-1883)

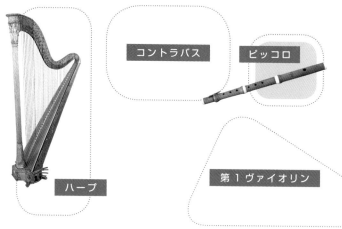

コントラバス

ピッコロ

ハープ

第1ヴァイオリン

Wagner

楽劇《神々のたそがれ》より「ジークフリートの葬送行進曲」の編成

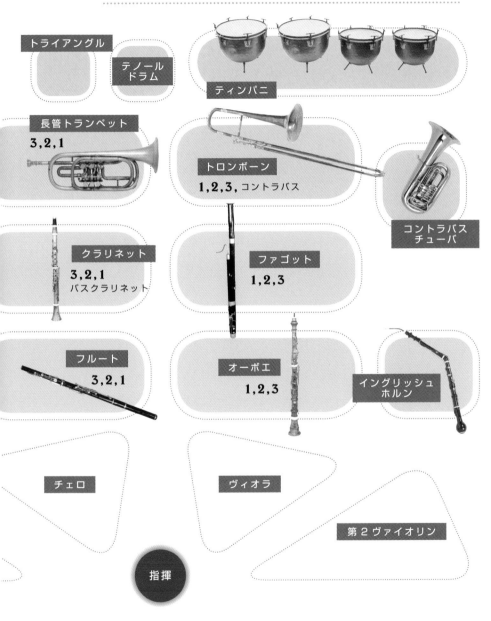

トライアングル

テノールドラム

ティンパニ

長管トランペット
3, 2, 1

トロンボーン
1, 2, 3, コントラバス

コントラバスチューバ

クラリネット
3, 2, 1
バスクラリネット

ファゴット
1, 2, 3

フルート
3, 2, 1

オーボエ
1, 2, 3

イングリッシュホルン

チェロ

ヴィオラ

第2ヴァイオリン

指揮

弦楽器 　木管楽器 　金管楽器 　打楽器 　鍵盤楽器

1874年 作曲

楽劇《神々のたそがれ》より 「ジークフリートの葬送行進曲」

　全4作品から成るリヒャルト・ワーグナー（1813-1883）の舞台祝祭劇《ニーベルングの指環》の4作目にあたる楽劇《神々のたそがれ》（1874年作曲）第3幕の第2場と第3場の間に演奏されるのがこの「ジークフリートの葬送行進曲」。主人公である英雄ジークフリートの死の場面のあとにオーケストラで奏されるもので、「英雄の死の動機」の重々しいリズムが印象深い。ワーグナーチューバやコントラバストロンボーンなどが活躍する。

① 金管楽器の新しいサウンドを導入

　ワーグナーは、ワーグナーチューバ（ワーグナー自身はワーグナーチューバとは呼んでおらず、テノールチューバとバスチューバと指定している）、バストランペット、コントラバストロンボーンなど、それまで管弦楽で使われたことのない新しい楽器を自作で積極的に使用した。いずれの楽器も、ワーグナーが発明したわけではなく、軍楽隊で使われていた楽器をヒントに改良したものである。

　ワーグナーチューバに関しては、当初、アドルフ・サックスが開発したサクソルンを想定していたという記録もあり、ワーグナー自身も「Es管テノール」「B管バス」というサクソルンの記譜を採用していたが、のちにホルン奏者が持ち替える「B管テノール」「F管バス」という現在の形に変更された可能性が高い。

② 木管楽器の新しいサウンドを追求

ワーグナーが新しいサウンドを求めたのは金管楽器だけではなかった。木管楽器、とりわけ低音域のダブルリード楽器の改良にこだわっていたのである。彼がまず手をつけたのはイングリッシュホルン。ワーグナーは大きな音を出せないことに不満を持ち、より大きな音がするアルトオーボエという楽器を製作させたのだ。実際に、楽劇《トリスタンとイゾルデ》のスコアに指定が見られるものの、当時の奏者たちには受け入れられなかったという。

のちに、「アルプホルンのような力強さを備えたオーボエのバス楽器」の製作も依頼していたが、その楽器「ヘッケルフォーン」が完成したのはワーグナーの死後の1904年であった。

③ コントラバスの最低音にこだわる

ワーグナーは、コントラバスの最低音にもこだわった。ワーグナー時代のコントラバスは4弦のものしかなく、最低音はEまでであったが、彼はそれよりも低い音を望んでいたのだ。楽劇《ラインの黄金》では、冒頭で低いEsの音を弾かせるために、調弦を半音下げるように楽譜に指示をしている。

晩年、そんな彼に思わぬ朗報があった。ドイツの製作者たちが、低いCまで出る5弦コントラバス（P121参照）と4弦の楽器でもCの音まで延長して出すことができる「Cマシーン」を開発したのである。ワーグナーは、さっそく最後のオペラである舞台神聖祝祭劇《パルジファル》で5弦コントラバスを指定している。

聴き比べてみよう！

当時の楽器を使った録音	現代の楽器を使った録音
 ●ブルーノ・ヴァイル指揮 ●カペラ・コロニエンシス ソニー・ミュージックジャパンインターナショナル BVCD34023〜4	●ゲオルグ・ショルティ指揮 ●ウィーン・フィルハーモニー管弦楽団 ユニバーサルミュージック UCCD9640
この『歌劇《さまよえるオランダ人》全曲』はワーグナーの歌劇をピリオド楽器で演奏した唯一のディスク。チューバではなくオフィクレイドが使用されており、重厚でドイツ的な響きとは異なる当時のサウンドは興味深い。	ウィーン・フィルによる歴史的な録音。歌手もワーグナーを得意とする名手が揃っている。大人数のオーケストラによる華麗で雄大なサウンドは、神話の世界に引き込んでくれる。

Column

ワーグナーが自作の楽劇のために
製作させた楽器たち

ワーグナーチューバ

ワーグナーは、地の底から聴こえ
てくるような不気味な音を求めて、
テノールとバスの2種のチューバを
指定している。この楽器は現在ワー
グナーチューバと呼ばれ、ドイ
ツのテノールホルンと同型のボデ
ィにホルンのマウスピースを付け
て演奏する。ホルン奏者が持ち替
えることを前提にヴァルヴの操作
は左手でおこなう。

現在のワーグナーチュー
バ。左はB管テノー
ル、右はF管バス。

バストランペット

トランペットの低音パートを拡充するために作られた
楽器。管が長く歌口が大きいので、通常はトロンボ
ーン奏者が担当する。当初は現在の倍の長さの楽器
を想定していたようだが、実現不可能なので、当時
のトランペットと同じ長さで管を太くしたらしい。

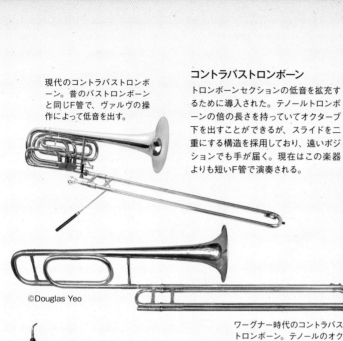

現代のコントラバストロンボーン。昔のバストロンボーンと同じF管で、ヴァルヴの操作によって低音を出す。

©Douglas Yeo

コントラバストロンボーン

トロンボーンセクションの低音を拡充するために導入された。テノールトロンボーンの倍の長さを持っていてオクターブ下を出すことができるが、スライドを二重にする構造を採用しており、遠いポジションでも手が届く。現在はこの楽器よりも短いF管で演奏される。

ワーグナー時代のコントラバストロンボーン。テノールのオクターブ下のB管で、スライドが二重になっている。

ヘッケルフォーン

「アルプホルンのような力強さを備えたオーボエのバス楽器」が欲しいというワーグナーの要望に応えて楽器製作者ヘッケルが発表した楽器。残念ながら、ワーグナーの存命中には間に合わなかったが、R.シュトラウスが《アルプス交響曲》や楽劇《サロメ》などで使用した。

コントラファゴット

ワーグナーの時代、コントラファゴットはファゴットとは別の指遣いを持った軍楽隊楽器で、ファゴット奏者が持ち替えて演奏することが困難であった。そこで、ワーグナーの要望でヘッケルがファゴットと同じ指遣いで吹ける楽器を製作したのが現在のコントラファゴット。ワーグナーは舞台神聖祝祭劇《パルジファル》で使用した。

ブラームスの編成

19世紀後半、ワーグナーらの意向によってオーケストラの編成が巨大化し、楽曲の時間も長くなる中で、ブラームスは、交響曲のジャンルでベートーヴェン時代の限られた楽器編成と形式を意図的に採用した。これは、言わば俳句の五七五のようなもので、意図的に制限を設けることで形式美を追求したのである。楽器用法に関しては、トランペットをほぼ自然倍音に限定することで、ベートーヴェンの交響曲と同じ効果を求めたのだ。

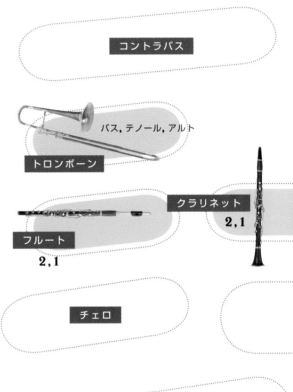

コントラバス

トロンボーン
バス, テノール, アルト

クラリネット
2,1

フルート
2,1

チェロ

第1ヴァイオリン

ヨハネス・ブラームス
（1833-1897）

Brahms

交響曲第1番の編成

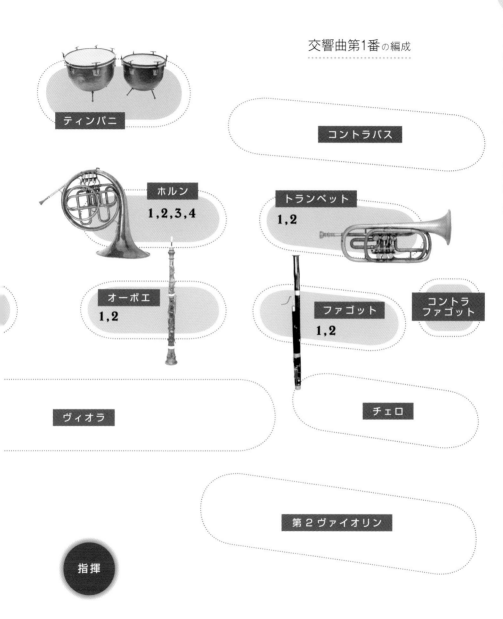

ティンパニ

コントラバス

ホルン
1, 2, 3, 4

トランペット
1, 2

オーボエ
1, 2

ファゴット
1, 2

コントラ
ファゴット

ヴィオラ

チェロ

第2ヴァイオリン

指揮

弦楽器　木管楽器　金管楽器　打楽器　鍵盤楽器

クラリネット：Sammlung Musikgeschichte der Meininger Museen M 55, M 56. ©Michael Reichel, Ilmenau

交響曲第1番ハ短調

　4曲あるヨハネス・ブラームス（1833-1897）の交響曲のうちの最初の曲。着想から20年かかって1876年にようやく完成した。形式的にはベートーヴェンの交響曲を意識した厳格なスタイルをとっているが、曲想はブラームスらしいロマンティックな情緒に溢れている。アルプホルンを採譜してクララ・シューマンに贈った旋律を吹く第4楽章のホルンソロを筆頭に、クララ・シューマンに対する愛のメッセージが随所に込められている。

第1楽章〜冒頭

1 ベートーヴェン時代のフォームを使用

　19世紀後半は、ワーグナーの楽劇やリストの交響詩などが主流になったことで、楽器編成が肥大化し、楽章で分ける従来の交響曲の形式も時代遅れになりつつあった。そんな状

況の中で、ベートーヴェンに続く正統的な交響曲を創ろうと考えたブラームスは、4つの楽章に分ける形式を採用し、トランペットやティンパニの用法をベートーヴェン時代と同じにすることで、そこから生まれる古典的な響きを再現しようと試みたのである（両楽器が使う音を制限することで、主調に戻ったときだけ鳴るという形式美が生まれる）。その他、トロンボーンの使用を第4楽章に限定したのもベートーヴェンに準じている。

2 保守的なフォームの中に斬新なアイデアを埋め込む

　敬愛するベートーヴェンがそうであったように、ブラームスは、フォームこそ保守的なスタイルを採用したものの、新しい音楽表現の追求にはきわめて意欲的であった。彼は、楽譜上の拍子とはズレたリズム（ヘミオラ）を積極的に使用して、本来なら変拍子で書くような斬新なリズムを通常の拍子の中に埋め込んだのである。ブラームスの楽譜には、一見すると簡単そうに見えるにもかかわらず、演奏すると難しい箇所が多くあるのだ。言わば、中世に建てられた教会の窓枠に、近代作家のステンドグラスをはめ込んだようなもの。この保守と革新の同居こそが、ブラームスの交響曲の魅力であると言っていいだろう。

3 曲によってトロンボーンの使用法が異なるわけ

　この交響曲第1番では、ベートーヴェンと同じ保守的な楽器用法を採用したブラームスであったが、次に書いた第2番は少し違った。第1番では第4楽章まで使用を制限していたトロンボーンを第1楽章から使用したのである。これは、第2番がウィーンで初演されたという背景と無関係ではない（第1番の初演はカールスルーエ）。教会が強い権力を持っていたウィーンでは教会楽器であるトロンボーンは積極的に使用される傾向があり（シューベルトもブルックナーもトロンボーンを多用している）、ブラームスもそれに準じたのかもしれない。同じくウィーンで初演した第3番でも第1楽章からトロンボーンを使用している。

聴き比べてみよう！

当時の楽器を使った録音

●ジョン・エリオット・ガーディナー指揮
●オルケストル・レヴォリューショネル・エ・ロマンティーク

Soli Deo Gloria
SDG702（輸入盤）

ピリオド楽器によるブラームス。重厚でドイツ的なイメージとは異なる響きが魅力。テンポ設定も、慣習的なデフォルメがおこなわれておらず、全体的にすっきりしている。

現代の楽器を使った録音

●サイモン・ラトル指揮
●ベルリン・フィルハーモニー管弦楽団

EMI ミュージックジャパン
TOCE90097〜9

モダンオーケストラが持つ重厚なサウンドをフルに活かした名演。ベルリン・フィルのダイナミックかつ繊細な表現が発揮されている。慣習的な楽譜の変更もあえて採用している。

Column

ブラームスが愛した木管楽器

　ブラームスは、自身がウィーンヴァルトホルン協会に所属していたように、管楽器に大きな関心を抱いていた。とりわけ、晩年に名手リヒャルト・ミュールフェルトと知り合ったことによって、クラリネットの魅力に開眼したというエピソードは有名で、クラリネット五重奏曲、クラリネット三重奏曲、2曲のクラリネットソナタをミュールフェルトのために作曲している。

　ミュールフェルトは、ヴァイオリン出身で、当時としては珍しくヴィブラートをかけていたという証言があり、その美しい音色にブラームスは惚れてしまったようだ。また、ミュールフェルトが、ミュンヘンの楽器製作者オッテンシュタイナーが作ったベールマンシステムの楽器を使用していたことも注目すべき点で、フランスとドイツの折衷型と言えるこの楽器の存在は無視するわけにはいかない。

　また、ミュールフェルトとの関係ほど有名ではないが、ライプツィヒ・ゲヴァントハウス管弦楽団首席フルート奏者だったマクシミリアン・シュヴェードラーもまたブラームスを惚れさせた1人である。交響曲第4番のライプツィヒ初演を聴いたブラームスが、シュヴェードラーの演奏と彼の新しいシステムの楽器を絶賛したのだ。その楽器は、円筒管のボディを持つベームシステムではなく、伝統的な逆円錐型の内径を持つドイツ式の楽器にメカニズムを加えたもので、シュヴェードラーとエルフルトの楽器製作者フリードリヒ・ヴィルヘルム・クルスペが共同開発した。

シュヴェードラーが愛用したクルスペ製シュヴェードラーシステムのフルート

ミュールフェルトが愛用したオッテンシュタイナー製ベールマンシステムのクラリネット

Sammlung Musikgeschichte der Meininger Museen M 55, M 56.
©Michael Reichel, Ilmenau

ブラームスが好んだオーケストラ配置

　昨今、第1と第2のヴァイオリンを両側に配置して両者の対話を強調する「対向配置（両翼配置）」を採用する指揮者が増えてきたが、ブラームスが最も好んだと言われる配置を見ると、なんとヴァイオリンだけでなくチェロやコントラバスも両側に分かれていることが分かる。興味深いことに、よく調べてみると、ヘンデルやハイドンの時代もやはり低弦の楽器が両側に分かれていたようなのだ。

　ただし、チェロやコントラバスは、ヴァイオリンのように声部が分かれているわけではない。では、どうして昔のオーケストラの低弦は両サイドに分かれて配置されていたのだろうか？　答えは簡単である。オーディオのスピーカーがそうであるように、低音部が両側から聴こえてきた方が全体のサウンドが安定して聴こえるのである。もちろん、演奏している側も、両側からベースの音が聴こえてきた方が合わせやすいことは確かであるし、オーケストラ全体としても安定して聴こえるはずだ。

　実は、ブラームスが好んだ配置を採用した当時のボストン交響楽団の写真が残っていて、それを見ると、両サイドの低弦とは別に、管楽器セクションの後ろにチェロとコントラバスが1人ずつ写っている。おそらく、彼らは管楽器のメンバーにベースパートを聴かせるために配置されたのであろう。まさにバロック時代の通奏低音の役割がそのまま生きていたのだ。

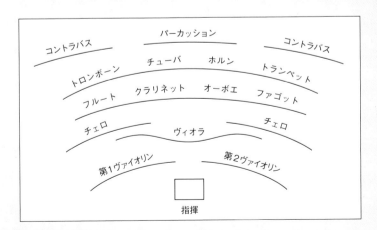

チャイコフスキー
の編成

シンバル

　19世紀後半、ブラームス同様、4つの楽章から成る「交響曲」というジャンルにこだわったのがロシアの作曲家チャイコフスキーである。彼は、得意なジャンルであるバレエ音楽では、当時最新鋭の楽器だったチェレスタの使用やバスクラリネットのソロなど、新しいサウンドを積極的に取り入れていたが、交響曲ではそれらの楽器は使っていない。そういう意味では、交響曲というフォームを意識したブラームスと方向性はよく似ている。

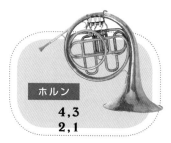

ホルン
4,3
2,1

コントラバス

第1ヴァイオリン

ピョートル・イリイチ・チャイコフスキー
(1840-1893)

Tchaikovsky

交響曲第6番《悲愴》の編成

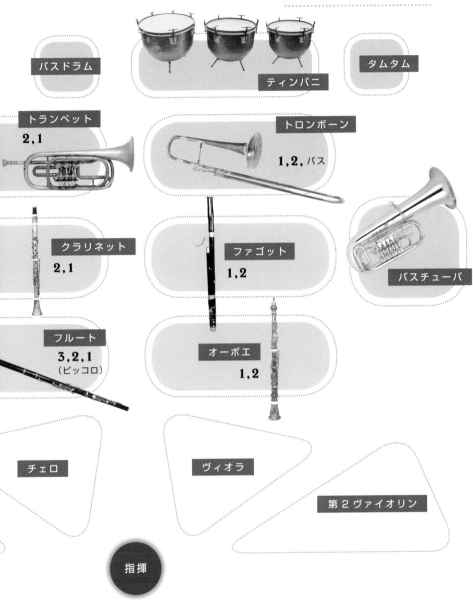

バスドラム

ティンパニ

タムタム

トランペット
2, 1

トロンボーン

1, 2, バス

クラリネット
2, 1

ファゴット
1, 2

バスチューバ

フルート
3, 2, 1
（ピッコロ）

オーボエ
1, 2

チェロ

ヴィオラ

第2ヴァイオリン

指揮

弦楽器　　木管楽器　　金管楽器　　打楽器　　鍵盤楽器

交響曲第6番ロ短調《悲愴》

ピョートル・イリイチ・チャイコフスキー（1840-1893）による最後の交響曲。1893年、死の直前に作曲された。《悲愴》というタイトルについては諸説あるが（本人はタイトルを付けることを希望していなかった）、最終楽章で悩み苦しみながら死を迎えるような曲想は胸を打つ。楽器編成は、彼の他の交響曲と同じ2管編成だが（フルートはピッコロ持ち替えも含め3パート）、タムタムが入っているのは異例だと言っていいだろう。

第4楽章～冒頭

①

対向配置を意識した
オーケストレーション

《悲愴》第4楽章の冒頭は、ヴァイオリンによって悲痛なメロディが奏でられるが、この箇所のスコアを見ると、その旋律らしきものが見当たらない。実は、チャイコフスキーは、旋律の音を第1ヴァイオリンと第2ヴァイオリンが1音ずつ分担して弾く形で書いており、一緒に弾くことで旋律が浮かび上がるように工夫しているのだ。チャイコフスキーがこのような仕掛けをしたのは、当時のオーケストラの配置と関係がある。P12でも触れたように、この時代のオーケストラは第1ヴァイオリンと第2ヴァイオリンが両側に座っていたので、まるで魂を揺さぶるかのように旋律が左右に揺れて聴こえたのだ。

② たった1発タムタムが使われている理由は？

　使用楽器をスタンダードなものに制限したチャイコフスキーであるが、《悲愴》では例外的にタムタムが指定されている。タムタムは、中国生まれの銅鑼の一種。近代の作曲家たちは曲を盛り上げる効果音として使用しているが、《悲愴》では終楽章でたった1発叩かれるだけ。それも音量はピアノだ。いったいどうして1発のためにこの楽器を使ったのかと言うと、それは、タムタムが死を暗示する概念を持っていることにある（東洋でも、葬儀の際に銅鑼を打ち鳴らす風習がある）。第4楽章でまるで死神との戦いのような激動の場面が静まると、タムタムが鳴り響き、葬儀のトロンボーン合奏が開始されるのだ。

③ 死を暗示する音の使用

　チャイコフスキーは、タムタム以外にも死を暗示する楽器の音をいくつも提示している。まず1つは、タムタムの前のホルンが吹くゲシュトップの音。ゲシュトップというのは、差し入れている右手でベルを完全に塞ぐことで金属質の不快な音を出すこと。この音が死を暗示しているのは、葬儀の際にラッパのベルに弱音器を装着した伝統に由来する。もう1つは、タムタムのすぐあとに演奏されるトロンボーンとチューバによる四重奏。これも葬儀の際に「エクワーレ」と呼ばれるトロンボーン合奏が演奏される伝統に由来するものだ。神の声のようなハーモニーがあてもなく彷徨い落ちていくさまは、まさに浮遊する魂のようである。

聴き比べてみよう！

当時の楽器を使った録音

● ジョス・ファン・インマゼール指揮
● アニマ・エテルナ

Zig-Zag Territoires
ZZT2030102
（輸入盤）

この交響曲第4番はピリオド楽器によるチャイコフスキーの交響曲の唯一のディスク。管楽器の色彩感が鮮明で楽しめるが、この時代の作品になると、モダンオーケストラの演奏との違いはそれほどない。

現代の楽器を使った録音

● レナード・バーンスタイン指揮
● ニューヨーク・フィルハーモニック

Deutsche Grammophon
419604
（輸入盤）

遅いテンポで歌うバーンスタインの情熱的な表現を、アメリカのオーケストラがダイナミックな機能で応えた名演。ピリオド演奏とは対照的な位置にあるスタイルだと言っていいだろう。

マーラー
の編成

19世紀後半、オーケストラの規模は極限まで膨張し、マーラーやR.シュトラウスでピークを迎えた。使用される楽器も、オーケストラ専用の美しい音色のものだけではなく、パロディとして必要な軍楽隊楽器や生活用品などの鳴りものが多数投入されたのである。マーラーは、自作の交響曲で、ふだんオーケストラでは使用されないマンドリンやギターの他、鞭やカウベル、果てはハンマーまで、とにかくあらゆる音を効果的に使用した。

グスタフ・マーラー
（1860-1911）

ティンパニ

バスチューバ

クラリネット

4,3,2,1
（Es管.バスクラリネット）

トライアングル

シンバル

バスドラム
＋シンバル

タムタム

ハープ

第１ヴァイオリン

Mahler

交響曲第1番《巨人》の編成

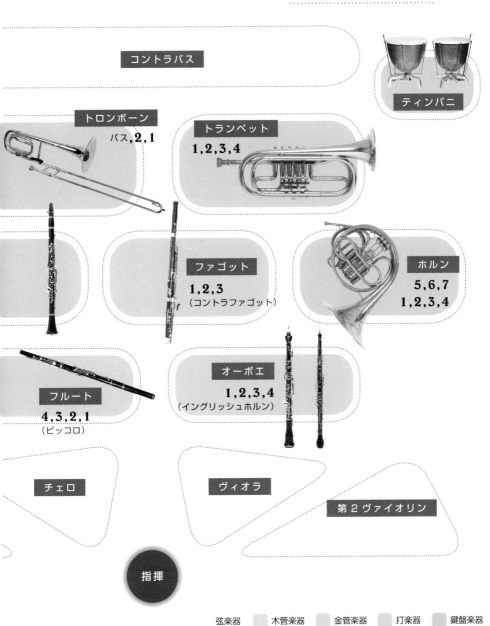

コントラバス

ティンパニ

トロンボーン
バス**, 2, 1**

トランペット
1, 2, 3, 4

ホルン
5, 6, 7
1, 2, 3, 4

ファゴット
1, 2, 3
（コントラファゴット）

フルート
4, 3, 2, 1
（ピッコロ）

オーボエ
1, 2, 3, 4
（イングリッシュホルン）

チェロ

ヴィオラ

第2ヴァイオリン

指揮

弦楽器 　木管楽器 　金管楽器 　打楽器 　鍵盤楽器

交響曲第1番ニ長調《巨人》

　グスタフ・マーラー（1860-1911）による最初の交響曲。当初は交響詩として計画されたが、楽章を4つに絞り交響曲の形にした。《巨人》という標題はジャン・パウルの同名小説に由来するもので、若者の悩みや苦しみを描いている。第3楽章に、童謡「フレール・ジャック」を短調にしてパロディとして低音楽器に演奏させた葬送行進曲があることや、第4楽章コーダでホルンが全員立ち上がって奏するように指示があることでも知られている。

第3楽章〜

1

パロディとしての Es管クラリネットの 使用

　マーラーは、子供のころに聴こえてきた軍楽隊の楽器を偏愛していると告白している。交響曲第7番冒頭でソロを吹くテノールホルン（ドイツ、ボヘミアの軍楽隊でオブリガートを担当する楽器。現在のワーグナーチューバのモデルになった）の使用などはその典型例であるが《巨人》も含めて彼の曲で頻繁に使われているのがEs管クラリネット。P61でも触れたように、Es管クラリネットは、軍楽隊のみで使われていた楽器で、けたたましく甲高い音は忌み嫌われていたの

だが、マーラーはそのキャラクターをパロディとして使用したのである。《巨人》では第3楽章でそのユーモラスな音を聴くことが可能だ。

2 軍楽隊の打楽器の導入

《巨人》の第3楽章には、Es管クラリネット以外にもう1つ軍楽隊の楽器が登場する。それは、ボディの上にシンバルを載せて叩くバスドラム。行進しながら演奏しなければいけない小編成の軍楽隊では、この楽器を担いだ奏者が、右手でバスドラム、左手で合わせシンバルを叩いて、行進に必要な前打ちと後打ちを担当したのである。もちろん、現在のオーケストラならば、バスドラムとシンバルを別々の奏者が演奏することも可能であるが、マーラーはあえて1人で叩かせることで、見た目も含めて軍楽隊を描写したのだ。ちなみに、このシンバルを載せたバスドラムは、現在のドラムセットのルーツでもある。

3 弱音器を音色のパレットとして使用

金管楽器に装着して音を弱くする「弱音器」は、バロック時代から存在しているが、音色を変える目的で使われるようになったのは、ワーグナーあたりからであった。それをさらに効果的に使用したのがマーラーで、基本的には、ホルンのゲシュトップと同じように、弱奏のときは遠くで鳴っているような効果、強奏のときはユーモラスな金属質の音色に変化させる効果が得られるようになったのである。

また、マーラーは、打楽器の弱音器も効果的に使用していて、彼の交響曲に欠くことができない葬送行進曲では、打面に黒い布を被せることで音色的にも視覚的にも葬儀の概念の表現を狙っている点は興味深い。

聴き比べてみよう！

当時の楽器を使った録音

●フィリップ・ヘレヴェッヘ指揮
●シャンゼリゼ管弦楽団

Harmonia Mundi
HMC901920
（輸入盤）

『子供の不思議な角笛』はピリオド楽器による唯一のマーラー管弦楽作品の録音。交響曲ほど派手に鳴る曲ではないので違いは分かりにくいが、管楽器セクションの素朴な響きはピリオド楽器ならでは。

現代の楽器を使った録音

●デイヴィッド・ジンマン指揮
●チューリヒ・トーンハレ管弦楽団

ソニー・ミュージックジャパンインターナショナル
BVCC37471

マーラーが書いた楽譜の細部まですべて忠実に再現しようとした演奏。コンサートホールの空間をうまく利用して、マーラーの宇宙的な音世界を表出させることに成功している。

名曲の編成からオーケストラの歴史を知ろう

Column

マーラーが書いた大規模編成の交響曲

　マーラーの交響曲第8番は、非常に大規模な編成が要求され、《千人の交響曲》の愛称で呼ばれている（マーラー自身が名付けたわけではない）。実際に1000人までいなくても演奏可能であるが、初演では1000人を超えた人数で演奏されたようだ。要求される人数の大半は声楽陣で、ソリストが7人も登場するが、オーケストラもオフステージで演奏する金管楽器のバンダも含めてかなりの人数が必要となる。

　オーケストラの規模の大きさでは、R.シュトラウスの《アルプス交響曲》やシェーンベルクの《グレの歌》なども相当なものであるが、その後20世紀中頃になると、このような巨大な編成の曲は少なくなり、主流は室内楽的な少人数の楽曲に移行していった。

マーラー交響曲第8番《千人の交響曲》の演奏風景（東京都交響楽団）
©堀田力丸

マーラーがオーケストラで使った楽器たち

　マーラーは、ベルリオーズと同じように、軍楽隊楽器や生活の中で使われている楽器をオーケストラで使用した。

テノールホルン

交響曲第7番第1楽章でソロ楽器として活躍する。ワーグナーチューバとそっくりな外観を持つが、こちらは右手でヴァルヴを操作するのでベルの向きは逆になっている。

ポストホルン

交響曲第3番第3楽章で、ステージ裏で美しいメロディを吹く。郵便馬車の御者が合図で吹き鳴らす小型のホルンから発展した楽器で、軍楽隊でも使用された。

マンドリン

交響曲第7番第4楽章と第8番第2部、《大地の歌》などで使用される。モーツァルトが歌劇《ドン・ジョヴァンニ》で使用した例があるが、交響曲での使用例は珍しい。

ギター

マンドリンと共に交響曲第7番第4楽章で使われている。

ハルモニウム

交響曲第8番で使用される。いわゆる足踏み式オルガンと同じリードで音を出す構造の楽器で、19世紀の作曲家たちに愛用された。

ラヴェルの編成

ワーグナーとは別にオーケストラの色彩のパレットを整理してより豊かにしたのがロシアの作曲家リムスキー゠コルサコフであった。彼は、違うルーツの楽器でセクションを組んでいた管楽器群を、ピッコロからバスまでのファミリーに整理したのである。そのリムスキー゠コルサコフの管弦楽法を踏襲したのが、20世紀前半に活躍したフランスのラヴェルとイタリアのレスピーギで、彼らは色彩感豊かなオーケストラ曲を多数生み出した。

モーリス・ラヴェル
（1875-1937）

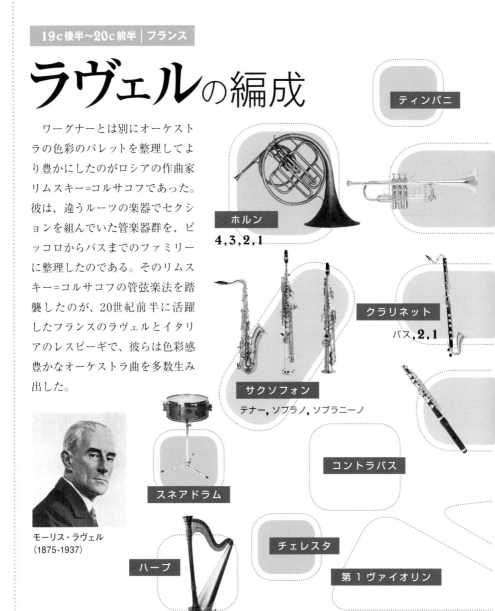

ティンパニ

ホルン
4,3,2,1

クラリネット
バス,2,1

サクソフォン
テナー,ソプラノ,ソプラニーノ

コントラバス

スネアドラム

チェレスタ

ハープ

第 1 ヴァイオリン

Ravel

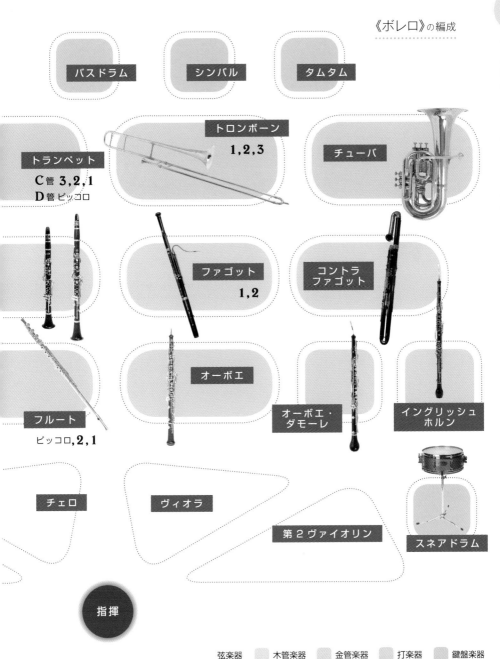

《ボレロ》の編成

バスドラム

シンバル

タムタム

トランペット
C管 3, 2, 1
D管 ピッコロ

トロンボーン
1, 2, 3

チューバ

ファゴット
1, 2

コントラ
ファゴット

オーボエ

フルート
ピッコロ, **2, 1**

オーボエ・
ダモーレ

イングリッシュ
ホルン

チェロ

ヴィオラ

第2ヴァイオリン

スネアドラム

指揮

弦楽器　　木管楽器　　金管楽器　　打楽器　　鍵盤楽器

ソプラニーノサクソフォン：© 三ツ谷光久

《ボレロ》

　今やモーリス・ラヴェル（1875-1937）の作品の中で最も有名になった《ボレロ》は、スネアドラムが叩き続けるボレロのリズムにのって、2種類の旋律が違う楽器によって奏されるという斬新なスタイルの曲。バレエ音楽として作曲されたが、現在ではオーケストラのレパートリーとして定着している。ボレロ自体はスペインの踊りであるが、曲はスペイン情緒よりも作曲当時パリで流行したジャズのテイストが色濃く現れている。

1 ジャズから逆輸入された サクソフォンの採用

　19世紀パリで生まれたサクソフォンは、世紀末になるとヨーロッパではあまり目を向けられなくなっていたが、アメリカからジャズと共に入ってきたことで再び脚光を浴びるようになった。その中でも、「サクソフォンの神様」と呼ばれたマルセル・ミュールの功績は大きく、《ボレロ》の初演も彼が担当している。ジャズのヴィブラートをいち早く取り入れたのもミュールで、ラヴェルはサクソフォンパートにだけヴィブラートの指示を書き込んでいる。なお、《ボレロ》のソロは、最初がテナー、2番目がソプラニーノとソプラノで書かれているが、現在のように後者をソプラノ1本で吹くようにしたのもミュールである。

② ピッコロからバスまでファミリー化した管楽器

ラヴェルは、ストラヴィンスキーやレスピーギ同様、リムスキー＝コルサコフの管弦楽法から強い影響を受けており、各管楽器セクションをピッコロからバスまでのファミリーで揃えるその用法は、この《ボレロ》でも垣間見ることができる。Es管クラリネット、B管クラリネット、バスクラリネットのクラリネットファミリー、オーボエ、オーボエ・ダモーレ、イングリッシュホルンのオーボエファミリー、華やかな高音を奏でるD管ピッコロトランペットなどの使用がそうだ。フルートに関しては、バレエ音楽《ダフニスとクロエ》で、ピッコロ、フルート、アルトフルートによる華麗なリレーが見られる。

③ バッハ復興が生んだ楽器たち

20世紀初頭、バッハ復興の動きに合わせて、バッハの作品の再現に必要な楽器が製作されるようになった。その1つが、オーボエよりも低い音域を持つA管のオーボエ・ダモーレで、フランスの近代楽器のメカニズムを持った楽器として復活した。「愛のオーボエ」という名前のとおり甘い音色を持つこの楽器の魅力に注目したのがラヴェルで、《ボレロ》では、オーボエではなくこの楽器のためにソロが用意されている。

もう1つバッハ復興によって生み出された楽器はピッコロトランペットである。現在のA管ピッコロトランペットは、バッハが書いた高音域のパートを演奏するために開発されたものなのだ。

聴き比べてみよう！

当時の楽器を使った録音

● ジョス・ファン・インマゼール指揮
● アニマ・エテルナ

Zig-Zag Territoires
ZZT060901
（輸入盤）

ピリオド楽器によるラヴェルの管弦楽曲集。《ボレロ》は現代楽器との音色の違いが分かりやすい。併録の《亡き王女のためのパヴァーヌ》はナチュラルホルンを使用している。

現代の楽器を使った録音

● ヘルベルト・フォン・カラヤン指揮
● ベルリン・フィルハーモニー管弦楽団

Deutsche Grammophon
447426
（輸入盤）

名手揃いのベルリン・フィルの魅力が堪能できる名演。フランス的な響きとは異なるが、艶やかで神秘的な管楽器のソロはどれも絶品。サクソフォンソロはフランス人が担当。

近代作曲家に影響を与えた
リムスキー＝コルサコフの楽器用法

　保守的なオーケストラの楽器用法にメスを入れ近代化を進めようとしたのは、ロシアの作曲家リムスキー＝コルサコフ（1844-1908）であった。彼は、海軍の軍楽隊長をつとめていた経験から、軍楽隊の最新の楽器を知り、それをオーケストラにも持ち込んで合理化を図ろうとしたのである。具体的には、各管楽器をピッコロからバスまでファミリー化することで、パレットの色彩を増やそうとしたのだ。ピッコロ（フルート）、アルトフルート、ピッコロクラリネット、バスクラリネット、ピッコロトランペット、コントラルトトランペット、ピッコロティンパニなどが彼によって加えられた。

　これらの用法を記した彼の『管弦楽法原理』は、のちの作曲家たちの教科書となり、多くの近代作曲家に影響を与えている。リムスキー＝コルサコフに直接教えを受けたイタリアのレスピーギの他、フランスのラヴェル、ロシアのストラヴィンスキーらが彼のオーケストレーションを踏襲していると言っていいだろう。ラヴェルに関してはP86の《ボレロ》や《ダフニスとクロエ》などがその典型例であるが、ストラヴィンスキーのバレエ音楽《春の祭典》にもリムスキー＝コルサコフの影響は色濃く現れており、ピッコロからアルト（バス）まで使うフルートやクラリネットセクション以外に、ピッコロトランペットとコントラルトトランペット（ストラヴィンスキーは「バストランペット」と記している）を使うトランペットセクションもリムスキー＝コルサコフが提案したものだ。この曲ではピッコロティンパニも使われている。

リムスキー＝コルサコフが提案しているコントラルトトランペット。彼の歌劇やラフマニノフ、ショスタコーヴィチの交響曲などでも指定されている。

第2章 世界のオーケストラを知ろう

世界各地の名門オーケストラの成り立ちや独自の使用楽器の構造の違いを探って、各々のオーケストラの音色や機能の特長を知ろう

2

第二次大戦を
境にグローバル化した
世界各地の**オーケストラ**

　1939年から1945年まで続いた第二次大戦は、オーケストラに大きな打撃を与えた。直接戦場になったヨーロッパでは、多くのコンサートホールや歌劇場が爆撃によって破壊されてしまったのだ。

　しかしながら、戦後の復興は早かった。むしろ戦争による不自由な状態がバネになったかのように、オーケストラ界は活気づいた。その要因の1つは、1950年代になって長時間の交響曲を切れ目なく聴くことができるLPレコードが登場したことが挙げられる。イギリスとアメリカを中心としたレコード会社が、ヨーロッパ各地の名門オーケストラを起用して人気の高いクラシックの名曲を録音し始めたのである。このとき、求められたのは、ベートーヴェンやブラームスなどのドイツ音楽で（LPレコードで1枚に収録できるようになったという需要もあったのだろう）、指揮者にもそれらのレパートリーを得意とするマエストロが起用された。

　そのため、パリやロンドンのオーケストラにもドイツ的な演奏が要求されるようになり、彼らは、それまでのローカルなスタイルを捨てて、インターナショナルな楽器に替えることを求められたのである。カラヤンやショルティが指揮したパリ管弦楽団や、同じくカラヤンとクレンペラーが指揮したフィルハーモニア管弦楽団などがそれに該当する。彼らは、それまで使っていたフランス式のホルンやバソンを捨ててドイツ式の楽器を採用した。

　伝統を失ったのは、フランスやイギリスのオーケストラだけではない。

パリ管弦楽団

　ドイツのオーケストラも、伝統的な楽器製作者が不足したことと（多くの製作者は東ドイツ側にいた）、アメリカから性能の良い楽器が流入したことでドイツ式楽器を使わなくなってしまったのである。今でこそ、彼らは再びドイツ式楽器を使うようになってきたが、1970年代、ベルリン・フィルを除く西ドイツのオーケストラはアメリカ製の金管楽器を使用していた（中立国のオーストリアと東ドイツのオーケストラにはその影響はあまり及ばなかったので、彼らは伝統的な楽器を使い続けた）。

　1950年代、オーケストラのインターナショナル化に拍車をかけたもう1つの要因には、旅客機網の充実によって人気指揮者が世界各地のオーケストラに客演できるようになったことが挙げられる。それまでは、常任指揮者や音楽監督が、音楽的方向はもちろん、人選や運営にまでタッチすることで、そのオーケストラのカラーを形成するスタイルが一般的だったのに対して、人気指揮者を外国から客演で呼ぶスタイルをとるオーケストラが増えてきたのだ。結果として、あらゆる国のあらゆる音楽スタイルに対応するためにローカル色を失ったとも言える。

　現在では、ラヴェルの《ボレロ》やブラームスの交響曲を聴いて、それがどの国のオーケストラが演奏しているものなのかを判別するのは難しくなった。もちろん、どの曲も上手く演奏されることは歓迎するべきことなのだが、一方で、得意不得意を持ったローカリティを懐かしく思うのも事実である。

世界の**オーケストラ**

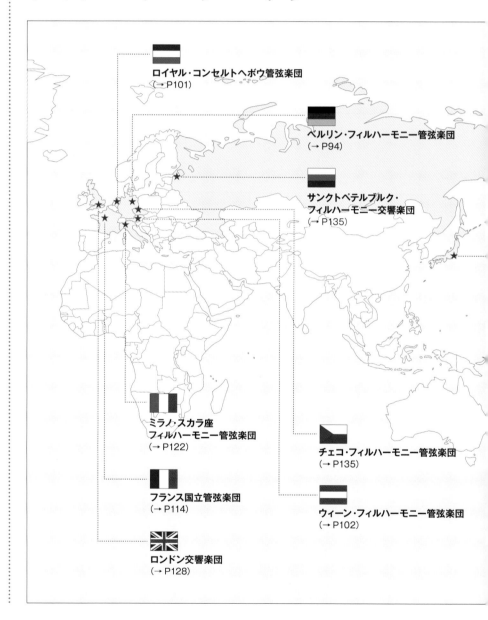

ロイヤル・コンセルトヘボウ管弦楽団
(→ P101)

ベルリン・フィルハーモニー管弦楽団
(→ P94)

サンクトペテルブルク・
フィルハーモニー交響楽団
(→ P135)

ミラノ・スカラ座
フィルハーモニー管弦楽団
(→ P122)

チェコ・フィルハーモニー管弦楽団
(→ P135)

フランス国立管弦楽団
(→ P114)

ウィーン・フィルハーモニー管弦楽団
(→ P102)

ロンドン交響楽団
(→ P128)

NHK交響楽団 (→ P134)
読売日本交響楽団

シカゴ交響楽団
(→ P113)

フィラデルフィア管弦楽団
(→ P113)

ニューヨーク・フィルハーモニック
(→ P113)

Berliner Philharmoniker (BPO)

ベルリン・フィルハーモニー管弦楽団

ドイツ　創設：1882年　本拠地：フィルハーモニー（ベルリン）

©Matthias Heyde/Berliner Philharmoniker

　「世界最高のオーケストラ」と呼ばれるベルリン・フィルは、ドイツの首都ベルリンを本拠地に活動するオーケストラである。創立は1882年、ビルゼ楽団から脱退したメンバーを中心に活動を開始。その後、ハンス・フォン・ビューローやアルトゥール・ニキシュといった巨匠を首席指揮者に迎え発展した。そしてヴィルヘルム・フルトヴェングラーを迎えたことで、コンサートはもちろんレコードを通して世界中に知られるようになったのである。さらに、後任のヘルベルト・フォン・カラヤンが就任してからは、実力、名声共に世界のトップに君臨するようになった。

　ベルリン・フィルのメンバーの多くはドイツ人で、管楽器などはドイツの伝統的な楽器や奏法を守っている一方で、外国人の名手も受け入れている（現在の首席フルート奏者のエマニュエル・パユはスイス出身であるし、その前にはイギリス人のジェームズ・ゴールウェイやスイス人のオーレル・ニコレなども在籍した。2009年まで安永徹がコンサートマスターをつとめ、後任として樫本大進が内定している）。国際化と伝統の融合、それが現在のベルリン・フィルの姿なのである。

ベルリン・フィルの本拠地
フィルハーモニー

●●●
ベルリン・フィルの本拠地であるホール。第二次大戦で爆撃された旧フィルハーモニーの代わりとして1963年に建設された。客席がステージを囲むワインヤード型になっており、同型のホールの手本となっている。

©Lauterbach/Berliner Philharmoniker

ベルリン・フィルを振った
歴代の指揮者たち

かつてビューローとニキシュが首席指揮者をつとめたが、ベルリン・フィルを現在の地位まで引き上げた功労者は、フルトヴェングラーとその後継者であるカラヤンである。その後、クラウディオ・アバドが引き継ぎ、現在はサイモン・ラトルが新たな可能性を切り開いている。

◀ヘルベルト・
フォン・カラヤン

©EMIクラシックス

サイモン・ラトル▶

©Sir Simon Rattle/Jim Rakete

名盤を聴いてみよう

ヴィルヘルム・フルトヴェングラー指揮

おすすめの1枚
●シューマン：交響曲第4番、ハイドン：交響曲第88番
●1953年録音

Deutsche Grammophon
474988（輸入盤）

カラヤン以前のベルリン・フィルの凄さを知ることができる名演。骨太のドイツ的なサウンドは、現在の同団の響きとはかなり異なる。

サイモン・ラトル指揮

おすすめの1枚
●チャイコフスキー：バレエ音楽《くるみ割り人形》全曲

EMIミュージックジャパン
TOCE90150～1

ベルリン・フィルの最新盤。重厚なサウンドを残しながらしなやかさや柔軟性を身に付けたことが分かる。木管楽器のソロも魅力的。

エーラー式クラリネット

ベルリン・フィルのクラリネットセクションは、日本で多く使われているベーム式クラリネットとは異なるエーラー式クラリネットを使用している。両者の相違点で最も分かりやすいのは指遣い。ベーム式がファの音の指遣いを簡単にしようと開発されたのに対して、エーラー式はバロック式リコーダーと同じ伝統的な指遣いを残している。管体の形状やそこから得られる音色も、やはり古典時代から伝わる伝統的な特長を色濃く残しており、ドイツの奏者たちはその部分を大事にしているのだ。なお、システムの名称になっているオスカー・エーラー（1858-1936）という人はベルリン・フィルのクラリネット奏者。彼が演奏活動を続けながら旧式の楽器に改良を加えたのだ。

代表的なプレイヤー
カール・ライスター（元BPO首席奏者）、ヴェンツェル・フックス（BPO首席奏者）、ザビーネ・マイヤー（ソリスト）

ライバル楽器と比べてみよう

ベーム式クラリネット

ドイツ・オーストリアを除く諸国で使われている。より簡便化した指遣いで演奏できるように、19世紀フランスの楽器製作者ルイ=オーギュスト・ビュッフェとクラリネット奏者イアサント・クローゼが共同開発した。

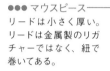

●●● マウスピース
リードは小さく厚い。リードは金属製のリガチャーではなく、紐で巻いてある。

●●● レジスターキー
管の横に開けられた孔を開閉するようになっている。

●●● ベル
音程補正用の孔が開いていて、右手親指のキーの操作で開閉する。金属製のベルリングは付いていない。

エーラー式（右）とベーム式（左）のマウスピース

エーラー式（右）とベーム式（左）のリード

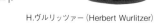

H.ヴルリッツァー（Herbert Wurlitzer）

Clarinet

今も使っている楽器 ②

ドイツ型トランペット

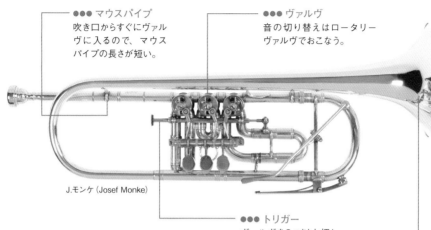

●●● マウスパイプ
吹き口からすぐにヴァルヴに入るので、マウスパイプの長さが短い。

●●● ヴァルヴ
音の切り替えはロータリーヴァルヴでおこなう。

J.モンケ（Josef Monke）

●●● トリガー
ヴァルヴを2つ以上押したときの音程を補正するトリガー。1970年代に付けられるようになった。

●●● 管とベル
管の内径は細いがベルの開きは大きい。

　ベルリン・フィルのトランペットセクションは、ピストンヴァルヴではなく、ロータリーヴァルヴを備えたトランペットを使用している。このタイプの楽器は、通常のピストン式トランペットよりも円筒管の部分の比率が多く、ベルもバロックトランペットの伝統を受け継ぐ形状をしているので、オーケストラに溶け込む暖かい音色を持っている。ドイツ以外のオーケストラでも、古典派やドイツロマン派の管弦楽曲だけこのタイプの楽器に持ち替える団体は多い。最近はベルリン・フィルでも、ウィーン型の小振りな楽器を使う奏者が増えてきたが、下吹きの奏者たちはベルが大きく重厚な音がするドイツ型のB管の楽器を使っている。

代表的なプレイヤー
ラインホルト・フリードリヒ、マティアス・ヘフス（ソリスト）、マルティン・クレッツァー（BPO）

ライバル楽器と比べてみよう

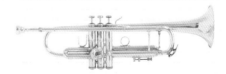

ピストン式トランペット

19世紀末にフランスでコルネットを手本に開発された楽器で、縦に構えてピストンヴァルヴを操作するトランペット。非常に明るく輝かしい音色を持っており、ジャズやポピュラーも含めて世界で広く使われている。

ドイツ型トロンボーン

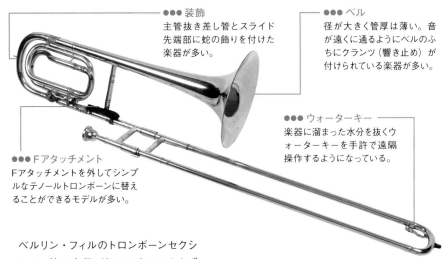

●●● 装飾
主管抜き差し管とスライド
先端部に蛇の飾りを付けた
楽器が多い。

●●● ベル
径が大きく管厚は薄い。音
が遠くに通るようにベルのふ
ちにクランツ（響き止め）が
付けられている楽器が多い。

●●● ウォーターキー
楽器に溜まった水分を抜くウ
ォーターキーを手許で遠隔
操作するようになっている。

●●● Fアタッチメント
Fアタッチメントを外してシンプ
ルなテノールトロンボーンに替え
ることができるモデルが多い。

H.レッチェ（Herbert Lätzsch）

ベルリン・フィルのトロンボーンセクシ
ョンは、管の内径が細いにもかかわらず
ベルが大きい伝統的なタイプの楽器を使
用している。このタイプの楽器は、1839
年にライプツィヒのザットラーが改良した
楽器の流れを汲むもので、小さい音量で
は暖かく、大きな音量では輝かしい音が
する。ベル部に比べてスライド部が長い
のが特徴であったが、最近はスライド部を
短くすることで操作しやすい楽器が作られ
るようになった。また、古典派やドイツロ
マン派のレパートリーで第1奏者が楽譜の
指定どおり小型のアルトトロンボーンを使
うことが多い（ただし、ベルリン・フィル
にはブラームスやブルックナーでテノール
トロンボーンを使用する伝統がある）。

 マメ知識

1980年代までベルリン・フィルでは第1奏者はFアタッチ
メントの付いていないシンプルなテノールトロンボーンを
使う伝統があった。

ライバル楽器と比べてみよう

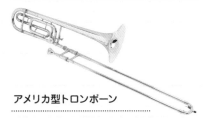

アメリカ型トロンボーン

ドイツ型トロンボーンをベースにアメリカで改良
された楽器。管の内径が太く、大きな音量でも
音が割れないようになっている。音程や鳴り方
のムラが少なく安定しているので、世界中のオ
ーケストラで使われている。

代表的なプレイヤー
クリストハルト・ゲスリング、オラフ・オット
（BPO首席奏者）、ヨハン・ドムス（元BPO
首席奏者）

Trombone

世界最高峰のオーケストラと言われるベルリン・フィルハーモニー管弦楽団は、昔から各セクションに名手が揃っていることでも知られている。その国籍はドイツにとどまらず、フランス、オーストリア、イギリス、スイスなど実に多彩で、長年同団でコンサートマスターをつとめた安永徹や、その後任の樫本大進など我が国のプレーヤーも重責を担っている。

どのメンバーも名手ばかりであるが、とりわけスタープレイヤーが揃っているのは木管セクションだ。歴代の首席フルート奏者の顔ぶれも、オーレル・ニコレ、ジェームズ・ゴールウェイ、カール

ハインツ・ツェラー、そして現在のエマニュエル・パユ、アンドレアス・ブラウと本当に豪華。クラリネットも前任者のカール・ライスターが多くの名演を残しており、現在はヴェンツェル・フックスがその後任者として頑張っているが、このフックスをはじめ、同じく首席奏者だったアロイス・ブランドホーファー、2010年に入団したアンドレアス・オッテンザマー（父エルンスト、兄ダニエルは共にウィーン・フィル首席クラリネット奏者）などウィーンのオーケストラで活躍していた奏者が採用されている点は興味深い。

ベルリン・フィルの名手たち

Column

どうしてチューニングの音は
国によって違うのか？

現在、日本のオーケストラではA=442ヘルツ（ラの音の秒あたりの振動数）の音を基準音としてチューニングをおこなっている。しかしながら、国際標準ピッチとされるのはA=440ヘルツであって、わずかではあるが2ヘルツ異なる。ヨーロッパのオーケストラの場合も、ウィーン・フィルやベルリン・フィルなどはA=443〜444とさらに高い。しかしながら、A=440を採用しているオーケストラがない訳ではない。アメリカとイギリスのオーケストラは基本的にA=440でチューニングしているのである。このような事情から、アメリカ製とドイツ製の楽器でピッチが異なるという問題が生じることもあり、メーカーによっては違うピッチの楽器を2種類生産していたりする。

では、いったいどうしてこういう問題が生じてしまったのかと言うと、それはA=440ヘルツという国際標準ピッチが定められた背景が無関係ではない。このピッチが決められたのは、1939年にロンドンで開催された国際標準音会議の場であるが、戦争が起こる直前の不穏な時期にこういうことを決めるのには何らかの政治的な思惑があったと考えるのが妥当であろう（イギリスがモールス信号のピッチを統一する必要もあったようだ。一方でナチスが先導したのではないかという説もある）。このような経緯を考えると、戦後に各国がこの国際標準ピッチを必ずしも守っていないのも、仕方がないのかもしれない。

♪ オランダのオーケストラ
独特な並び方をする
ロイヤル・コンセルトヘボウ管弦楽団

　オランダの名門オーケストラ、ロイヤル・コンセルトヘボウ管弦楽団は、ドイツやフランスとは違う独自の伝統を持っている。その中でもとりわけ興味深いのは木管楽器後列の並び方。

　通常のオーケストラでは、下手側（観客席から見て左側）がクラリネット、上手側（右側）がファゴットという風にベース楽器は上手にあるのだが、コンセルトヘボウ管弦楽団の木管楽器は逆の並びになっている。つまり、ベースラインを担当する第2ファゴットやコントラファゴットが下手に来ていて、同じくベース楽器である金管楽器のコントラバスやチューバ、弦楽器のコントラバスの反対側にあるのだ。

　通常のオーケストラでは、ベース楽器は上手側に集まっているのだが、いったいどうしてこのような並び方をしているのか。その根拠はよく分からない。

　しかし、最近多くのオーケストラが採用するようになった対向配置（両翼配置）で考えてみると、その謎が解けるかもしれない。対向配置だとコントラバスは下手側に移動するので、第2ファゴットやコントラファゴットがコントラバスの近くに来ることになるのだ。これはあくまでも推測であるが、コンセルトヘボウ管弦楽団の特徴ある楽器の並びは、対向配置だった時代の名残りが断片的に残った結果ではないだろうか？

Photo:Simon van Boxtel ©2008

その他のオーケストラ............................1

Wiener Philharmoniker (VPO)

ウィーン・フィルハーモニー管弦楽団

オーストリア 創設：**1842年** 本拠地：**ムジークフェラインザール**（ウィーン）

©Terry Linke

　オーストリアの首都ウィーンを代表するオーケストラ。1842年にウィーン宮廷歌劇場管弦楽団のメンバーが、オットー・ニコライの指揮でおこなったコンサートが同団のスタートとされる。現在でもメンバーはウィーン国立歌劇場管弦楽団の団員で構成されており、定期演奏会はオペラ公演のない土曜日と日曜日の昼間におこなわれている。自主運営の団体なので、指揮者や演目は団員の投票で決められており、常任指揮者は置いていない。

　ウィーン・フィルの団員になる条件は、基本的にウィーンで学んでいることであるが、最近はオーディションによって他国のメンバーも採用するようになってきている。しかしながら、独自の楽器の使用や奏法のスタイルに関しては非常に保守的で、とりわけホルンやオーボエの独特な響きは有名。弦楽器の奏法も独特で、その艶やかで芳醇な音色もこのオーケストラの看板になっている。

　年始におこなわれているニューイヤーコンサートは世界的によく知られており、最近では野外でおこなうシェーンブルン宮殿コンサートも定着してきた。

ウィーン・フィルの本拠地
ムジークフェラインザール

●●●
ウィーン・フィルの本拠地で、ウィーン楽友協会のホールとして1870年に建てられた。直方体のシューボックス型のホールで、残響の美しさには定評がある。豪華な装飾が施されていることから「黄金のホール」と呼ばれている。

©ANTO/Austrian National Tourist Office/ Viennaslide

ウィーン・フィルを振った
歴代の指揮者たち

　ウィーン・フィルの指揮台に上がることは多くの指揮者の憧れであり、これまでにヴィルヘルム・フルトヴェングラー、ヘルベルト・フォン・カラヤンなど、世界トップクラスの巨匠が登場している。マーラー、R.シュトラウスなども指揮しており、ブラームスやブルックナーの作品も初演している。常任指揮者は置かないが、カール・ベームとはそれに近い関係にあった。

ヴィルヘルム・▶
フルトヴェングラー

©EMIクラシックス

名盤を聴いてみよう

ブルーノ・ワルター指揮

おすすめの1枚
●マーラー：交響曲第9番

Naxos
8110852
（輸入盤）

同曲の初演者による組み合わせ。戦前のウィーン・フィルのサウンドが分かるライブ盤。力強い弦楽器のサウンドは現在とは多少異なる。

ピエール・ブーレーズ指揮

おすすめの1枚
●マーラー：交響曲第6番
《悲劇的》

Deutsche Grammophon
4458352
（輸入盤）

暖かい音をキープしながらブーレーズの頭脳的な解釈に見事に応えている。緩徐楽章の弦楽器とホルンの透明な響きがチャーミング。

ウィーン式オーボエ

ウィーン・フィルは、通常のフランス式オーボエとは異なる独自のシステムと外観を持つウィーン式オーボエを使用している。この楽器は、伝統的なドイツ式オーボエの流れを汲んだものでウィーンのツーレーガーが完成させた。独特な外観は古典派時代のオーボエの特徴を色濃く残しており、太めの内径の管と大きめのリードが生み出すその音は、心に染み入る情感があってファンも多い。指遣いも、バロック・古典オーボエのものを多く踏襲しており、とりわけ、オクターブキーは付いているものの、高音域は長い管の状態によるファルセットで出すようになっているので、低音域から高音域に移行するときは古典オーボエのような味わいがある。最低音はHまで。

代表的なプレイヤー
ゲルハルト・トレチェック、ハンス・カメシュ（元VPO首席奏者）、マルティン・ガブリエル（VPO首席奏者）

昔はドイツでも同じタイプが使われていた
現在ドイツのオーケストラではすべての奏者がフランス式オーボエを使用しているが、19世紀後半までは彼らもウィーン式オーボエに似たドイツ式オーボエを使用していた。彼らがフランス式オーボエを使うようになったきっかけは、ベルリン国立歌劇場管弦楽団の奏者だったフリッツ・フレミングがパリに留学してそこで最新鋭のフランス式の楽器に出会ったこと。彼がドイツに持ち帰り、それを見た指揮者で作曲家のR.シュトラウスがこの楽器でしか出せないような音を書いたことで、多くのドイツ人奏者が転向したのだという。

●●● **指遣いと音色**
指遣いはバロックオーボエのそれに近く、音色もオーボエ本来の音色を持っている。

●●● **最低音**
フランス式オーボエのBよりも半音高いHまで。

●●● **ベルの形状やリード付近の膨らみ**
古典オーボエの特徴を色濃く残している。

H.ツーレーガー（Hermann Zuleger）

ライバル楽器と比べてみよう

フランス式オーボエ
ウィーンを除く世界中で使われているオーボエ。19世紀フランスの楽器製作者フレデリック・トリエベールが開発したもので、パリ高等音楽院が採用したことから「コンセルヴァトワールモデル」と呼ばれる。

Oboe

今も使っている楽器 ②
ウィーン式クラリネット

ウィーン・フィルのクラリネットセクションは、ベルリン・フィルが使用しているエーラー式クラリネットと非常によく似た「ウィーンアカデミー式クラリネット」を使用している。この楽器は、基本的には、エーラー式と同じように古典派時代から続く伝統を継承したもので、メカニズムも一部を除いてエーラー式とほとんど変わらない。しかしながら、その内径はエーラー式よりも太く、ウィーン式独自の柔らかい音色を持っている。マウスピースもエーラー式で使われるものとは若干違い、エーラー式の奏者たちが伝統的に紐で巻いてリードを取り付けるのに対して、ウィーンの奏者たちは金属製のリガチャーを逆向きにしてリードを取り付けている。

代表的なプレイヤー
レオポルド・ウラッハ、アルフレート・プリンツ（元VPO首席奏者）、ペーター・シュミードル（VPO首席奏者）

●●● リガチャー
エーラー式の奏者の多くが紐を巻いてリードを取り付けているのに対して、ウィーン式クラリネットは伝統的に金属製のリガチャーを使用している。

●●● キー
右手中指のキーがエーラー式ではカヴァードになっているのに対して、ウィーン式はリングになっている。

マメ知識

ウィーン式クラリネットが生まれた経緯は？
ウィーンを代表する伝説的なクラリネット奏者、レオポルド・ウラッハが、楽器製作者のフランツ・コクタンと共に、シンプルなシステムの楽器に改良を加え完成させた。その後、コクタンの後を継いだオトマール・ハンマーシュミットがさらにメカニズムを加えて現在に至っている。

●●● ベル
エーラー式の楽器の多くがベルに金属製のリングを取り付けていないのに対して、ウィーン式の楽器はリングを取り付けたものが多い。

O.ハンマーシュミット（Otmar Hammerschmidt）

Clarinet

今も使っている楽器 ③
ウィーン型トランペット

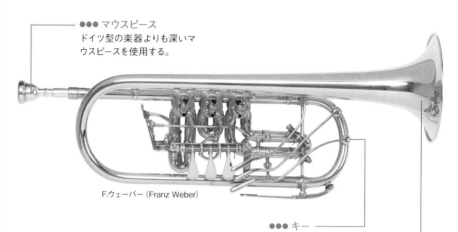

●●● マウスピース
ドイツ型の楽器よりも深いマウスピースを使用する。

F.ウェーバー（Franz Weber）

●●● キー
特定の高音域を安全に吹くためのキー。写真の楽器はハイCキー、ハイAキー、ハイHキーが付いている。

●●● ベル
ドイツ型の楽器よりもベルが小さく、明るい音がする。

　ウィーン・フィルのトランペットセクションは、ベルリン・フィルと同じロータリートランペットを使用しているが、細かい仕様や各部のサイズはドイツ型とは若干異なる。ドレスデンのヘッケル社が製作したモデルをもとにしており、ウィーン・フィルの要求に応えて発達したのだ。ベルはドイツ型よりも小さく、マウスピースは深いものを使うので、より柔らかく明るい音がする。また、高い音域の特定の音を安全に吹くために、抜き差し管に開けた孔を開閉するキーを複数備えているのもこのタイプの特徴。ウィーン・フィルでは基本的に明るい音のC管の楽器を使用しており、曲によってはさらに明るいD管の楽器も使用することがある。

代表的なプレイヤー
ハンス・ガンシュ（元VPO首席奏者）、ハンス・ペーター・シュー、ゴットハルト・エダー（VPO首席奏者）

ライバル楽器と比べてみよう

ドイツ型トランペット

ベルリンを含むドイツでは大型のB管（P97参照）を使用していたが、最近ではウィーン型のC管を多く使うようになってきた。現在のベルリン・フィルの首席奏者2人もウィーン型の楽器を使用している。

今も使っている楽器 4

ウィーン式ホルン

●●● クルーク
ナチュラルホルンの特徴を
残すクルーク（替え管）。

●●● ヴァルヴ
管と一体化したピストン
が2本同時に動くダブル
ピストン方式の「ウィンナ
ヴァルヴ」。

A.デーマール
（Anton Dehmal）

●●● ベル
深い音を生むボヘミアタイ
プのベル。ふちにはクラン
ツと呼ばれる響き止めが付
いている。

ウィンナホルン（右）
とドイツ式ホルン（左）
のマウスピース。ドイ
ツ式に比べてウィンナ
ホルンのマウスピース
は非常に深いカップを
持つ。

ウィーン・フィルのホルンセクショ
ンは、他のオーケストラの楽器とは
違う独自の楽器を使用している。ウ
ィンナホルンと呼ばれるこの楽器
は、1830年にウィーンのウールマン
が考案したモデルをそのまま踏襲し
ており、クルークと呼ばれる替え管
など、ナチュラルホルンの特徴を多
く残したシンプルな構造をしている。
F管のシングル管で、ボヘミアタイプ
の太いベルと深いマウスピースを持
っているので、深くロマンティックな
音が得られるが、管は細いので強奏
すると非常に力強い音がする。ヴァ
ルヴには、「ウィンナヴァルヴ」と呼
ばれるダブルピストン方式の旧式な
システムが採用されていて、これに
よって独特の滑らかなレガートが得ら
れる。

代表的なプレイヤー
ギュンター・ヘーグナー（元VPO首席
奏者）、ヴォルフガング・トンベック
Jr.（VPO奏者）、ラルス・ミハエル・ス
トランスキー（VPO首席奏者）

ライバル楽器と比べてみよう

ドイツ式ホルン

ウィーンを除く世界のオーケス
トラでは、より明快な音で吹く
ことができるB管も備え、従来
のF管とヴァルヴで切り替えら
れるダブルホルンが使用されて
いる。この楽器はクルークを備
えていない。

ウィーン式チューバ

　残念ながら世代交代によって途絶えてしまったが、ウィーン・フィルは1995年まで「ウィンナチューバ」と呼ばれる独自の楽器を使用していた。このウィーン式チューバは、非常に小振りなボディを持つF管のバスチューバで、独自の指遣いを必要とする右手3本左手3本の計6本のロータリーヴァルヴを持っている。この構造は、1835年に発明されたバスチューバの特徴を色濃く残しており、バスチューバ本来の芯のある非常にはっきりとした音色を持っている。トロンボーンや低音弦楽器と相性が良いというメリットがあったが、指遣いが他のチューバと異なることやトロンボーンが大型化したことによって大型のチューバに取って代わられてしまった。

代表的なプレイヤー
ヨゼフ・フンメル、レオポルド・コーラー（元VPO奏者）

マメ知識

どうしてウィーン・フィルで使われるようになったのか？

19世紀前半、ウィーンのオーケストラでは「ボンバルドン」と呼ばれるヴァルヴ式の低音楽器（ヴァルヴ式オフィクレイド）が使用されていたが、指揮者のハンス・リヒターが、ベルリンで発明された音域の広いバスチューバの奏者をウィーンに連れてきてウィーン・フィルに入団させたことからこの楽器の伝統は始まった。ブラームスの交響曲第2番やブルックナーの交響曲のバスチューバパートはこの楽器とその奏者のために書かれたものなのである。

●●● 管体とベル
非常にコンパクトな管体とベルを持っており、締まった輪郭のある音を得ることができる。

A.ユングヴィルト
（Andreas Jungwirth）

●●● ヴァルヴ
左手3本右手3本ずつに分けられていて、主に左がF管の指、右がC管の指になっている。

今も使っている楽器 5

ウィーン式ティンパニ

●●● ヘッド
仔牛の皮ではなく山羊
の皮が使われている。

●●● ハンドル
ハンドルを回すことで釜
が上下して音程が替わる。

W.シュスター (Wolfgang Schuster)

ウィーン式ティンパ
ニのマレット。先
端はフランネル生
地を層にしてある。

ウィーン・フィルでは、一般に使われ
ているペダルで音を替える方式のペダル
ティンパニではなく、ハンドルを回して
音程を替えるシステムのティンパニを使
用している。ウィーン式ティンパニと呼
ばれるこの楽器は、20世紀初頭にウィ
ーン・フィルの奏者だったハンス・シュ
ネラーが考案したもので、ハンドルを回
すことで釜が上下する仕組みになってい
る。また、ヘッドには通常の仔牛の皮
ではなく山羊の皮を使用しており、ウィ
ーンの弦楽器になじむ独特の音色を得
ることができる。ハンドル式だと、近現
代の曲で要求されるグリッサンドの演奏
が困難であるが、半音など狭い音程の
音替えはペダルティンパニよりも確実に
おこなえるというメリットがある。

ライバル楽器と比べてみよう

ペダルティンパニ

ウィーン以外のオーケストラでは、ペダルの操作で
音を替えるペダルティンパニが使われている。国や
奏者のスタイルによってペダルの機構の違いはある
が、最も大きな違いは並べ方。ドイツでは低い方を
右手側に置くが、アメリカでは鍵盤と同じように低
い方を左手側に並べる。

代表的なプレイヤー
エルヴィン・ファルク（VPO奏者）、ローラント・アル
トマン、リヒャルト・ホッホライナー（元VPO奏者）

Timpani

現在、世界で最も人気の高いオーケストラがウィーン・フィルとベルリン・フィルだ。ファンの多さではどちらも甲乙付け難いと言っていいだろう。しかしながら、両者の特徴や気質は対照的で、その背後には、オーストリアとドイツの文化や宗教の違いを垣間見ることができる。

音楽のスタイルや楽器に対するスタンスも同様で、一般には「ウィーン・フィルは保守的」「ベルリン・フィルは先進的」と説明されている。確かに、ベルリン・フィルがオーディションによって世界中から国籍を問わず名手を集めているのに対して、近年でこそ外国人も採用するようになったものの、ウィーン・フィルは同じ流派の弟子や子息を採用するケースが多い。楽器に対しても同様で、ウィーン・フィルが、19世紀の姿をそのまま残したウィーン式オーボエやウィーン式ホルンを使い続けている事実が象徴的だ。

だが、過去は必ずしもそうではなかった。たとえば、ウィーン式ホルンがウィーン・フィルの前身であるオーケストラで採用されるようになった当時（1830年）、ヴァルヴ式のホルンは最先端の楽器であり、他のオーケストラではまだヴァルヴのないナチュラルホルンが一般的だったのだ。ブラームスが記した文章に非常に興味深いエピソードが載っている。彼はウィーン・フィルを指揮した際、何でもかんでもヴァ

かつては
ウィーン・フィルが先進的で
ベルリン・フィルが保守的だった？

Column

ルヴホルンで演奏してしまうことを嘆き、ナチュラルホルンも吹くベルリンの奏者たちを見習うべきだと言っているのだ。今とはまったく逆の状態であり面白い（ブラームスが嫌がらせでB管のナチュラルホルンでしか出すことができない音を書いたので、翌日になって彼らは渋々ナチュラルホルンを持ってきたとある）。

　実は、他の楽器も同じで、フルートも19世紀のドイツ式ではなくベーム式の金属管を使用しているし、ファゴットもかつてのウィーン式をやめてドイツ式を採用している。金管楽器も、トランペットやトロンボーンはドレスデンから輸入した楽器がもとになっており、トロンボーンに関しては大半のメンバーが最新のアメリカ型にシフトしてしまった。

　つまり、ウィーンの人々は保守的な側面を持ちながらも、反面、非常に先進的なのである。ただ単に懐古趣味で古いシステムの楽器を使用しているのではなく、各時代で自分たちの音楽にいちばん合っている楽器を選択して、それが伝統として残ったのがウィーン・フィルの楽器たちなのだ。

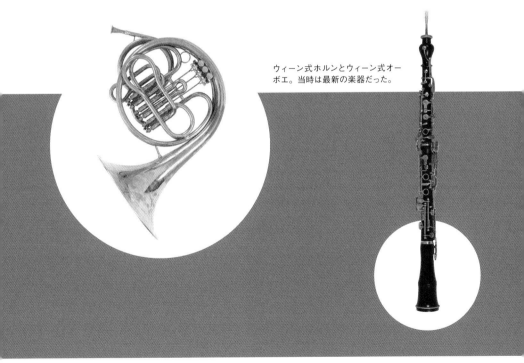

ウィーン式ホルンとウィーン式オーボエ。当時は最新の楽器だった。

ウィーン・フィル独自の弦楽器の響きはどうやって生まれる?

ベルリン・フィルのコンサートマスターに、2代続いて日本人が採用されたことからも分かるように、国際交流が進んだ現在、弦楽器の国によるスタイルの違いというのはほとんど見られなくなってしまった。けれども、オーケストラ独自の伝統のサウンドがあることも事実で、とりわけウィーン・フィルのそれには聴けばすぐに分かるほど特徴がある。

どうしてウィーン・フィルの弦楽器の響きが他のオーケストラと違うのかと言うと、まず第一に使用する楽器にこだわりがあることが挙げられる。たいていのオーケストラでは、コントラバスを除く弦楽器は個人で購入した楽器を使用しているけれど、ウィーン・フィルでは、コンサートマスターを除いて、ホールに併設された工房で製作した楽器で統一して

いるのだ。やや大きめのこれらの楽器を弾きこなすのはかなり難しいようだが、彼らの手にかかればたちまち美しい響きを生み出す名器に変身してしまうのである。

もちろん、ウィーン・フィルの魅力的な弦楽器のサウンドの秘密は楽器だけではない。全身を使って弾く彼らの奏法によるところが大きいのだ。大きい音量で弾くときのダイナミックな弓遣いや優しいメロディを弾くときの独特なポルタメントなど、彼らの奏法が名曲を生み、名曲が彼らの奏法を生んだと言っていいだろう。

アメリカのオーケストラ
絶大な人気を誇った「ビッグ5」と地方オケ

　アメリカには各都市に多くのオーケストラがあるが、ドイツのような国立や州立の
オーケストラはなく、どこも基本的に市民や企業の支援に依存している。構造的に

ニューヨーク・フィルハーモニック
©Alan Schindler

はメジャーリーグとよく似ていて、ニューヨークタイムズ紙などが発表する各オーケストラのランキングにも大きな関心が注がれている。

　とりわけ「ビッグ5」と呼ばれる「クリーヴランド管弦楽団」「ニューヨーク・フィルハーモニック」「フィラデルフィア管弦楽団」「ボストン交響楽団」「シカゴ交響

楽団」の人気は絶大であったが、民間の支援に依存する体制は経済の影響を受けやすく、かつての勢いは失われてしまった。組合が団員の待遇を優先したことによる

コストアップによって、メジャーレーベルがアメ
リカのオーケストラを使わなくなってしまったこ
とも大きい。

　その一方で、才能あるマエストロを迎えた地
方オーケストラが台頭してきたことも事実で、
最近では、M.ヤンソンス＆ピッツバーグ交響
楽団、P.ヤルヴィ＆シンシナティ交響楽団、マ
イケル・ティルソン・トーマス＆サンフランシス

フィラデルフィア管弦楽団
©Jessica Griffin

コ交響楽団などの活動が目立つようになってきた。
ビッグ5も、フランツ・ウェルザー＝メストとブルックナー録音に取り組むクリーヴランド管弦楽団を筆頭
に、かつての栄光を取り戻す努力をしている。

シカゴ交響楽団
©Todd Rosenberg

その他のオーケストラ

![flag] Orchestre National de France

フランス国立管弦楽団

フランス 創設：**1934年** 本拠地：**シャンゼリゼ劇場**（パリ）他

©RADIO FRANCE : CHRISTOPHE ABRAMOWITZ

　フランス国立管弦楽団は、1934年にフランス国営放送局に所属するオーケストラとして当初は「フランス国立放送管弦楽団」という名称でスタートした。1975年に現在の名称に改称されたが、今でもフランス国営放送局が運営するオーケストラである。

　初代首席指揮者はデジレ＝エミール・アンゲルブレシュトで、以降、マニュエル・ロザンタールやジャン・マルティノンなど、フランス出身のマエストロたちと発展を遂げてきた。ドイツ系の指揮者を迎えドイツ音楽に積極的に取り組んできたパリ管弦楽団とは対照的に、フランス国立管弦楽団は、フランス式バソンを使い続けるなどフランスの伝統を大切にしてきており、ロリン・マゼールやシャルル・デュトワら他国の指揮者ともフランス近代レパートリーの名演を数多く残している。

　最近では、フランス音楽界全体がドイツ志向になったこともあって、音楽監督にクルト・マズアを迎えるなど、ドイツ的な演奏にも積極的に取り組むようになったものの、バソンの使用も含めてそのフランス的な特質は失っていない。

その他のフランスのオーケストラ
パリ管弦楽団

●●●
フランス国立管弦楽団と並んでフランスを代表するオーケストラ。伝統的にドイツもののレパートリーを得意としており、いち早くフランス式の楽器からインターナショナルな楽器に変更したことでも話題になった。

フランス国立管弦楽団を振った
歴代の指揮者たち

　創立以来、ロザンタール、モーリス・ルルーなど、作曲家でもある指揮者が首席指揮者をつとめてきたが、マルティノンが就任して世界に知られるようになった。以来、セルジュ・チェリビダッケ、マゼール、デュトワ、小澤征爾など巨匠たちが指揮をするようになり、2002年からはマズアが音楽監督をつとめた。現在の首席指揮者はダニエレ・ガッティ。

◀シャルル・デュトワ

ダニエレ・ガッティ▶

©Marco Dos Santos

名盤を聴いてみよう

アンドレ・クリュイタンス指揮

おすすめの1枚

●ムソルグスキー / ラヴェル:
組曲《展覧会の絵》他

EMI
DVA4901259
（DVD ／輸入盤）

現在は使われていないフランス式チューバを映像で確認することができる。当時のフランスならではの眩しいほどの輝かしい音が魅力。

リッカルド・ムーティ指揮

おすすめの1枚

●チャイコフスキー:
交響曲第6番《悲愴》

Naïve
V4970
（輸入盤）

エレガントな印象が強いフランスのオーケストラのイメージとは異なる力強い演奏。ドイツ的な傾向に近づいていることが分かる。

フランス式コントラバス弓

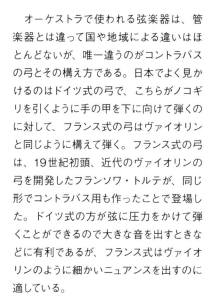

ドイツ式の弓はフロッシュ（手で握る部分）の幅が広く、棹と毛の間の距離が広いが、フランス式は距離が狭くヴァイオリン用に近い形をしている。

オーケストラで使われる弦楽器は、管楽器とは違って国や地域による違いはほとんどないが、唯一違うのがコントラバスの弓とその構え方である。日本でよく見かけるのはドイツ式の弓で、こちらがノコギリを引くように手の甲を下に向けて弾くのに対して、フランス式の弓はヴァイオリンと同じように構えて弾く。フランス式の弓は、19世紀初頭、近代のヴァイオリンの弓を開発したフランソワ・トルテが、同じ形でコントラバス用も作ったことで登場した。ドイツ式の方が弦に圧力をかけて弾くことができるので大きな音を出すときなどに有利であるが、フランス式はヴァイオリンのように細かいニュアンスを出すのに適している。

フランス式コントラバス弓を構えたところ。

ドイツ式コントラバス弓を構えたところ。

マメ知識

フランス式の弓が使われるようになったきっかけは？

19世紀初頭にトルテがヴァイオリンの弓と同じ形の弓を作ったとき、パリ音楽院で会議が開かれ、その時は否定されてしまったのだが、当時著名なソリストであったボッテジーニがこの弓を使って名演奏をしたことで定着したと言われている。

ライバル楽器と比べてみよう

ドイツ式コントラバス弓

ドイツ式の弓は、ヴィオール族の弓の構え方の伝統を残すもので、19世紀前半にドメニコ・ドラゴネッティが改良したものから発展した。弦にしっかりと圧力を加えることができるので大きい音が弾きやすい。

今も使っている楽器 2

フランス式バソン

　フランス国立管弦楽団など伝統的なフランスのオーケストラは、他の諸国で一般的に使われているドイツ式ファゴット（ヘッケル式ファゴット）とは異なるシステムのフランス式バソン（バソンはフランス語でファゴットのこと）を使用している。バソンは、古典派時代の特徴を多く残しており、キーシステムもドイツ式ファゴットよりシンプルだが、音色は独特の味わいがある。材質は紫檀など比重の重い木材で作られる場合が多く、楓で作られるドイツ式ファゴットとは一味違う音色を生み出している。現在でも多くのフランスの奏者がこの楽器を守り続けているが、それでも他国でも通用するドイツ式ファゴットに転向する奏者も少なくないのが現状だ。

代表的なプレイヤー
ジルベール・オダン（パリ・オペラ座首席奏者）、モーリス・アラール（元パリ・オペラ座首席奏者）、ポール・オンニュ（ソリスト）

ライバル楽器と比べてみよう

ドイツ式ファゴット

フランスを除く世界各国で使われているファゴット。19世紀に軍楽隊長カール・アルメンレーダーと楽器製作者ヨハン・アダム・ヘッケルによって改良、完成された。材質は楓で茶色いニスが塗ってある。

●●● 材質とベル
材質は紫檀など重い木材で作られていてベルにはドイツ式のような膨らみがない。

ドイツ式（右）とフランス式（左）のリード。フランス式の方が大きい。

●●● キー
システムはドイツ式よりもシンプル。

G.トリエベール (Guillaume Triebert)

フランス式ホルン

●●● システム
3番ヴァルヴを押すことで1全音上がる「上昇管」システムを採用。これによってヴァルヴを2本以上押すと音程が高くなるという欠点をカヴァーすることができた。

●●● ヴァルヴ
F管とB管を切り替えるヴァルヴ。

※シングル管のフランス式ホルン。ナチュラルホルンにヴァルヴを取り付けた構造で、クルークが付いている。

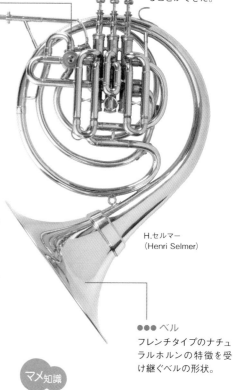

H.セルマー
(Henri Selmer)

●●● ベル
フレンチタイプのナチュラルホルンの特徴を受け継ぐベルの形状。

　かつてフランスのオーケストラでは、現在一般に使われているドイツ式ホルンとは異なるフランス式ホルンが使用されていた。このフランス式ホルンは、フランスで発展したフレンチタイプのナチュラルホルンを母体として発展したもので、非常に細い内径と喉元から漏斗型に開くベルを持つ。ロータリーヴァルヴを使用するドイツ式ホルンとは異なり、ピストンヴァルヴを備えているのもこの楽器の特徴。また、通常は押すと1音半下がる3番ヴァルヴが、全音上がるようになっている「上昇管」の構造も備えていた。当初はナチュラルホルンのようにクルークで調を替えるシングル管であったが、後期にはF管とB管を切り替えるセミダブル管が主流になった。

代表的なプレイヤー
ルシアン・テヴェ（元パリ音楽院管ソロ奏者）、
ジョルジュ・バルボトゥ（元パリ管首席奏者）

マメ知識

**どうしてフランスでは
フランス式ホルンが使われていたのか？**

フランスでは、パリ音楽院が設立された1795年以来、ボヘミア人のホルン奏者たちがナチュラルホルンのテクニックを高度に発展させ、ヴァルヴホルンが普及したあとも、ナチュラルホルンが並行して採用され続けた。サン=サーンスやシャブリエなどの近代オーケストラ作品でも、ナチュラルホルンとヴァルヴホルンの両方が指定されているのはそのため。なんとラヴェルの《亡き王女のためのパヴァーヌ》のソロもナチュラルホルンの指定である。結果として、ヴァルヴホルンの方にも、ナチュラルホルン的な要素が要求され、ドイツ式ホルンとは違う独自の楽器として発展したのである。

かつて使われていた楽器②
フランス式トロンボーン

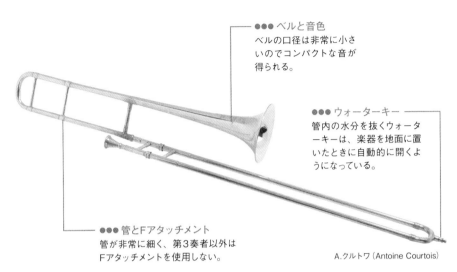

●●● ベルと音色
ベルの口径は非常に小さいのでコンパクトな音が得られる。

●●● ウォーターキー
管内の水分を抜くウォーターキーは、楽器を地面に置いたときに自動的に開くようになっている。

●●● 管とFアタッチメント
管が非常に細く、第3奏者以外はFアタッチメントを使用しない。

A.クルトワ（Antoine Courtois）

フランス国立管弦楽団をはじめとするフランスのオーケストラでは、1970年代まで非常に細い小型のテノールトロンボーンを3本セットで使用していた（戦後までバストロンボーンは使用しなかった）。この楽器は、古典派時代の楽器の内径とベルのサイズを継承しており、現在のトランペットよりも細い楽器であったが、ホルンのような漏斗型のカップを持つマウスピースを使用することで、明るく柔らかい音を獲得していた。特に高音域をレガートで演奏したときは、スリムで甘い独特の音色を出すことが可能で、《ボレロ》を筆頭に多くのソロ曲が書かれたものの、戦後になって、より豊かな音がするアメリカ型の太管トロンボーンにその座を奪われてしまった。

右がフランス式トロンボーンのマウスピース。左のドイツ型とは異なり、ホルンのように非常に深い漏斗型のカップを持っており、奏法もホルンに近い。

マメ知識

フランスで使われるようになった経緯は？

フランスではベルリオーズ以降、オーケストラでバストロンボーンやアルトトロンボーンを使用しない習慣があり、戦後まで細いテノールトロンボーン3本でセクションを組む伝統が続いた。その背景には、多くの生徒を抱えたパリ高等音楽院で同じ長さのテノールトロンボーンを勉強させた方が教えるときに楽だったというのもあっただろう。さらに同音楽院でソロを勉強するにあたって、高音域が得意で小回りが利く小型の楽器が求められたというのもその理由に挙げられる。

> この楽器のために書かれた曲
> ラヴェル：《ボレロ》、同《ピアノ協奏曲》、トマジ：トロンボーン協奏曲

Trombone

フランス式チューバ

　フランス国立管弦楽団をはじめとするフランスのオーケストラでは、1970年代まで「フランス式チューバ」と呼ばれる独自の楽器を使用していた。この楽器は、現在のC管のチューバの半分の長さしかなく大きさも非常に小さい。マウスピースの大きさもトロンボーンと同じぐらいなので、高音域が得意でその音も格段に明るいのが特徴。しかしながら、右手で操作する3本のピストンヴァルヴ以外に、左手で操作する3本のヴァルヴを備えているので、第1倍音までを使った低音域を半音階で奏することが可能になり、非常に広い音域を獲得することに成功している。残念ながら、より重厚な響きが得られるドイツ式チューバにその座を奪われてしまった。

この楽器のために書かれた曲
ムソルグスキー/ラヴェル：組曲《展覧会の絵》、ストラヴィンスキー：バレエ音楽《ペトルーシュカ》、同《春の祭典》

●●● マウスピース
大きさはトロンボーンとほぼ同じ。深い音が出るようにV字型のカップを持つ。

●●● ヴァルヴ
右手で操作する3本のヴァルヴ以外に、左手で操作する3本のヴァルヴを備えている。

A.クルトワ (Antoine Courtois)

●●● ボディ
非常に小振りでユーフォニアムよりも短い。

マメ知識

フランスで使われるようになった経緯は？
フランスのオーケストラでは、19世紀後半までバスチューバではなくキーの開閉で操作するオフィクレイドが使われていた。1870年代になると、このオフィクレイド奏者たちがヴァルヴで操作するサクソルンに転向するようになったのだが、この際に彼らが選んだのがオフィクレイドと同じ管長とマウスピースを持つC管のバスサクソルンだったのだ。当初は5本のヴァルヴを備えていたのだが、ワーグナーなどが書いたバスチューバの低音域を出すために6本目のヴァルヴが加えられた。

Tuba

オーケストラで使われるコントラバスには、弦が4本の楽器と5本の楽器の2種類がある。ジャズや吹奏楽などで使われるコントラバスは最低音がE（ミ）までの4弦であるが、オーケストラではレパートリーによって低いC（ド）の音まで出る5弦の楽器が必要になるのだ。

5弦コントラバスが要求される曲は、おおまかに分けて2種類ある。R.シュトラウスやマーラーなどの近代音楽とベートーヴェンやシューベルトなどの古典派・初期ロマン派音楽だ。不思議なことに、その間のロマン派時代のレパートリーには5弦コントラバスが必要になる低音域は出てこない。ベルリオーズが著した『管弦楽法』のコントラバスの項にも、3弦の楽器と4弦の楽器にしか触れられていないのだ。

実は、同書でR.シュトラウスが加筆した記述を読むと、1880年代にドイツでベートーヴェンを演奏するために5弦コントラバスとCマシーン（4弦の楽器でCまで出るようにする装置）が開発されたとある。実際、これらの楽器が発明されたあと、ワーグナーは舞台神聖祝祭劇《パルジファル》で、ブラームスは交響曲第4番で5弦コントラバスを指定するようになっており、それ以前には存在していなかったことは明らかだ。

つまり、ベートーヴェンの楽譜にこの音が出てこなければ（当時その音まで出していたかどうかは定かではない）、近代作曲家が5弦コントラバスのための曲を書くこともなかったのである。

5弦コントラバス

ベートーヴェンのために 開発された5弦コントラバス

Column

Orchestra Filarmonica della Scala

ミラノ・スカラ座フィルハーモニー管弦楽団

イタリア　創設：1778年　本拠地：スカラ座（ミラノ）

©Marco Brescia / Teatro alla Scala

　イタリアを代表する歌劇場であるミラノ・スカラ座の劇場オーケストラとして、1778年、同劇場の開場と共に創立された。当然のことながら、主な仕事はイタリアオペラの演奏であるが、劇場のシーズンオフに「スカラ・フィルハーモニー管弦楽団」という名称でオーケストラ単独の活動をしている。スカラ座を振りに来た指揮者は豪華で、これまでにアルトゥーロ・トスカニーニを筆頭に、ヴィクトル・デ・サバタ、クラウディオ・アバド、リッカルド・ムーティらが音楽監督をつとめた（現在は空席）。ムーティが音楽監督の時代には、シンフォニーオーケストラとしてコンサートやレコーディングにも積極的に取り組むようになり、オペラ以外のレパートリーでも優れた実力を持っていると高く評価されるようになった。

　ミラノ・スカラ座フィルハーモニー管弦楽団の演奏は、オペラで培った歌心溢れる表現が自慢であり、各楽器の名手も揃っている。失われたイタリア独自のサウンドの復興にも積極的に取り組むようになり、チンバッソやヴァルヴトロンボーンなども使うようになった。

ミラノ・スカラ座フィルの本拠地
ミラノ・スカラ座

●●●
イタリアオペラの殿堂であるミラノ・スカラ座の劇場。200年を超える伝統があり、第二次大戦で破壊されたが戦後まもなく再建された。豪華な個室のバルコニー席や安価で観劇できる天井桟敷などはよく知られている。

©Marco Brescia／Teatro alla Scala

ミラノ・スカラ座フィルを振った
歴代の指揮者たち

　ミラノ・スカラ座の指揮台には、アルトゥーロ・トスカニーニを筆頭に、デ・サバタ、カルロ・マリア・ジュリーニ、ヘルベルト・フォン・カラヤンなど錚々たる顔ぶれが登場している。アバドの後を継いでムーティが音楽監督をつとめていたが、現時点で後任は決まっていない。

◀リッカルド・ムーティ

©EMIクラシックス

名盤を聴いてみよう

ピエトロ・マスカーニ指揮

おすすめの1枚

●1940年録音

Naxos
8110714
（輸入盤）

歌劇《カヴァレリア・ルスティカーナ》の作曲者マスカーニの指揮による録音。当時のイタリアのサウンドを知ることができる。

リッカルド・ムーティ指揮

おすすめの1枚

●ヴェルディ：序曲・前奏曲集

ソニー・ミュージックジャパンインターナショナル
SICC1089

現在のスカラ座の音が分かる盤。インターナショナル化はしているものの、チンバッソ（P126参照）などイタリア独自の楽器を使用している。

かつて使われていた楽器 ①
フルベーム式クラリネット

　かつてイタリアのオーケストラは、フルベーム式クラリ
ネットと呼ばれる楽器を使用していた。この楽器は、通
常のベーム式クラリネットにトリルキーなどいくつかのキ
ーを追加したもので、最大の特徴は半音低い最低音が
出せるキーが加えられていること。この追加キーは、19
世紀後半にB管で半音低いA管の最低音を出すために取
り付けられたもの。オーケストラのクラリネットは、調性
や曲想によってB管とA管を持ち替えなければいけない
が、それを1本で済ますために採用されたのである。結局、
現在では持ち替える方式を採用して、この楽器は使われ
なくなってしまったが、フルベーム式でしか出すことがで
きない最低音が出てくるイタリアの作品はいくつかある。

> この楽器のために書かれた曲
> レスピーギ：交響詩《ローマの松》、ベリオ：セクエンツァ IX

フルベーム式（左）とベーム
式（右）。フルベーム式の方
が長い。

●●● トリルキー ──
FisとGisのトリルキー
が付いている。

●●● 最低音 ──
管の長さが長く低音の
キーが追加されている
ので、通常のクラリネ
ットの最低音よりも半
音低い音が出る。

アマティ（Amati）

Clarinet

かつて使われていた楽器②
ヴァルヴトロンボーン

●●● ヴァルヴ
スライドではなくロータリー
ヴァルヴで音を切り替える。

J.B.エルガス（Johann Baptist Elgas）

●●● 外観
トロンボーンの音を出す
ために外観はスライドト
ロンボーンと同じように
してある。

戦前までのイタリアのオーケストラでは、現在のようなスライド式ではなく、他の金管楽器のようにヴァルヴで音を切り替えるヴァルヴトロンボーンを使用していた。ヴァルヴトロンボーンは、スライドのような音程の微調整はできないものの、トリルや装飾音符など速いパッセージが容易になり、奏者の育成も楽になるというメリットがあった。また、スライドが長く人の腕の長さでは届かないバストロンボーンやコントラバストロンボーンでも、同じ動作で演奏できるということもこの楽器を普及させた要因の1つだと考えられる。スライドを前に伸ばす必要がないので、狭いオケピットで場所をとらなかったという点も歓迎されたのであろう。

この楽器のために書かれた曲
ヴェルディ：歌劇《オテロ》、同《レクイエム》、プッチーニ：歌劇《蝶々夫人》

イタリアで使われるようになったきっかけは？
もともとヴァルヴトロンボーンは、19世紀前半にボヘミア、オーストリア地方で使われるようになったが、当時ハプスブルク帝国の影響下にあった北イタリア地方のオーケストラや軍楽隊でもその影響を受けて普及した。その後、オペラを中心に発展したイタリアのオーケストラでは、ピットで場所をとらないこの楽器が20世紀前半まで使われ続けたのである。ちなみに、ウィーンでは1880年代まで、チェコでは20世紀まで使われたので、ブルックナーやドヴォルザークらの作品にもこの楽器を想定したパッセージを見つけることができる。

Trombone

チンバッソ

ミラノ・スカラ座フィルハーモニー管弦楽団をはじめとするイタリアのオーケストラでは、ヴェルディやプッチーニなどを演奏するときに、チューバではなくチンバッソという楽器を使うことが多い。この楽器は、ヴァルヴ式のバストロンボーンを構えやすくするために折り曲げたもので、チューバよりもトロンボーン的な音がするので、トロンボーンセクションとの相性が良い。

しかしながら、この楽器はヴェルディが後期の作品で指定したヴァルヴバストロンボーンであって、本来の「チンバッソ」はファゴットのようなボディを持つバスホルンだったのだ。ヴェルディは前期の作品でこの「チンバッソ」を指定しているのだが、その名前がパート名になってしまったのだろう。

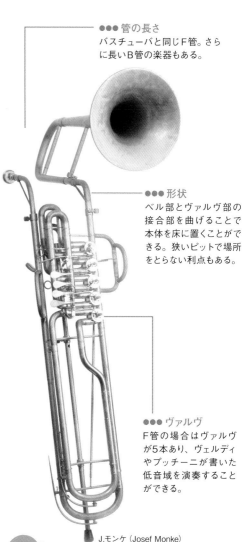

●●● 管の長さ
バスチューバと同じF管。さらに長いB管の楽器もある。

●●● 形状
ベル部とヴァルヴ部の接合部を曲げることで本体を床に置くことができる。狭いピットで場所をとらない利点もある。

●●● ヴァルヴ
F管の場合はヴァルヴが5本あり、ヴェルディやプッチーニが書いた低音域を演奏することができる。

J.モンケ（Josef Monke）

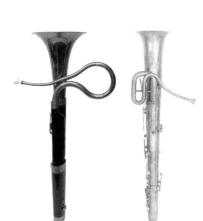

元祖チンバッソであるバスホルン
©Craig Kridel, Berlioz Historical Brass

ヴェルディが《レクイエム》や歌劇《ドン・カルロ》で指定したオフィクレイド

マメ知識

どうしてイタリアで使われるようになったのか？
P125でも触れたように、イタリアのオーケストラでは19世紀前半にボヘミアやウィーンから流入したヴァルヴ式トロンボーンがスライド式トロンボーンの代わりに使われるようになった。その際のバストロンボーンから発展したのが現在のチンバッソなのだ。当初、ヴェルディは金管セクションの最低音部をバスホルンに担当させていたが、19世紀中頃になるとオフィクレイドを指定するようになり、後期の《オテロ》や最後の《ファルスタッフ》ではヴァルヴバストロンボーンに代わった。プッチーニもヴァルヴバストロンボーンを指定している。

♪ 歌劇場のオーケストラ
シンフォニーオーケストラとはどこが違う？

　ヨーロッパのオーケストラは、大別すると、歌劇場でオペラの演奏を主な仕事とする「歌劇場オーケストラ」と、交響曲などコンサートを主体に活動する「シンフォニーオーケストラ」の2つに分かれる。

　両者の相違点はレパートリーの違いだけではない。毎日違う演目を演奏しなければいけない前者と、コンサートまで数日間のリハーサルがある後者とでは、曲を仕上げるスタンスが異なるし、歌手が主役で客席からオーケストラがほとんど見えないという状況と、ステージ上で絶えず注目されている状況とでは、精神的にもかなり異なる（まったく同じことが指揮者にも言える）。

　また、意外に知られていないが、それぞれの団員の人数が大きく異なる点も見逃してはいけない。連日公演がある歌劇場では、ローテーションで対応する必要があるため、最低でも倍の人数を抱えており、ベルリン国立歌劇場管弦楽団やパリ・オペラ座管弦楽団など大規模な劇場では6管編成のメンバーが登録されている。

　ウィーン・フィルの母体であるウィーン国立歌劇場も、150人のオーケストラメンバーが登録されており、ウィーン・フィルが海外公演をおこなっている際でもオペラ公演には支障がおきないようになっている。大編成で知られるR.シュトラウスの《アルプス交響曲》も、ウィーン・フィルやドレスデン国立歌劇場管弦楽団のような大人数のオーケストラがあったからこそ書かれたと言っていいだろう。

ドレスデン国立歌劇場
管弦楽団
©Matthias Creutzige

その他のオーケストラ ……………3

London Symphony Orchestra（LSO）
ロンドン交響楽団

イギリス　創設：1904年　本拠地：バービカン・ホール（ロンドン）

©Gautier Deblonde

　イギリスの首都ロンドンを本拠地に活動するシンフォニーオーケストラ。1904年にクィーンズホール管弦楽団のメンバーを中心にして活動を開始した。初代の首席指揮者はハンス・リヒターで、その後はアルトゥール・ニキシュ、トーマス・ビーチャム、ウィレム・メンゲルベルクなど錚々たる指揮者の下でその実力と名声を高めていった。

　ウィーン・フィルと同じように、設立当初から自主運営のスタイルを貫いており、仕事の幅が柔軟で広いレパートリーを持っているのもこの楽団の特徴。1970年代には、クラリネットのジャック・ブライマー、ホルンのバリー・タックウェル、チューバのジョン・フレッチャーなど多くの名手が在籍し、巨匠たちと名演奏の録音を残している。かたや、映画音楽のサウンドトラックの仕事でも定評があり、《スター・ウォーズ》や《スーパーマン》などハリウッドの名画も彼らが担当した。

　現在、ロンドンのオーケストラは財政的に困難な状況にあるが、ロンドン交響楽団は、自主運営ならではのフットワークの良さを活かして精力的な活動を続けている。

ロンドン交響楽団の本拠地
バービカン・ホール

●●●
1982年に建設されたヨーロッパ最大の複合文化施設であるロンドンのバービカンセンター内にあるコンサートホール。ロンドン交響楽団の他、BBC交響楽団も本拠地として使用している。

ロンドン交響楽団を振った
歴代の指揮者たち

　初代のリヒター以来優れた指揮者に恵まれ、LPレコード登場以降、ピエール・モントゥー、イシュトヴァン・ケルテス、アンドレ・プレヴィンらとの名演がメジャーレーベルからリリースされ、世界にその実力が知られるようになった。最近では、自主レーベルを立ち上げてコリン・デイヴィスやヴァレリー・ゲルギエフとの録音を積極的にリリースしている。

◀ヴァレリー・ゲルギエフ

©Decca Marco Borggreve

名盤を聴いてみよう

グスターヴ・ホルスト指揮

おすすめの1枚
●ホルスト：組曲《惑星》他

Naxos
8111048

ホルストの自作自演。戦前のイギリスのオーケストラの音が分かる貴重な録音。まだフランスタイプの細い金管楽器を使用している。

ヴァレリー・ゲルギエフ指揮

おすすめの1枚
●マーラー：交響曲第2番《復活》

LSO Live
LSO0666（輸入盤）

現在のロンドン交響楽団の自主レーベルによる盤。奇才ゲルギエフの情熱的な指揮に見事に応えた熱演を聴くことができる。

B管トランペット

●●● ベル
ベル自体の長さや形はC管とほとんど変わらない。

●●● 管
C管トランペットに比べて円筒管の部分が多いので、音程が安定していてトランペットらしい音が得られる。

V.バック（Vincent Bach）

●●● トリガー
ヴァルヴを複数押したときに起こる音程の問題を補正するトリガー。

ロンドン交響楽団をはじめとするイギリスのオーケストラのトランペットセクションは、伝統的に他国のオーケストラのようなC管トランペットではなくB管トランペットを使用する習慣がある。C管よりも1音分管が長いB管トランペットは、より豊かで安定した音を生み出し、B管が多い他の金管セクションとの相性も良い。高音域が要求されるパートを吹くときは、C管を使わずさらに短いEs管トランペットに持ち替えるのもイギリスならではの伝統。このB管とEs管という組み合わせは、イギリス伝統のブラスバンドで培われたものであり、オーケストラの中でも、B管のホルン、B管トロンボーン、Es管バスと共に安定したファミリーを形成しているのだ。

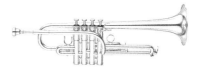

イギリスのオーケストラで使われるEs管トランペット。B管と同じ大きさのベルが付いていて、B管の低音域に対応するための4番ヴァルヴも装備されている。

ライバル楽器と比べてみよう

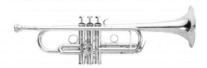

C管トランペット

19世紀後半にフランスで開発された楽器で、イギリスとロシアを除く世界のオーケストラで使用されている。非常に明るく輝かしい音を持っており、フラット系とシャープ系のどちらにも対応しやすいというメリットがある。

代表的なプレイヤー
ロッド・フランクス（LSO首席奏者）、モーリス・マーフィー（元LSO首席奏者）、ジョン・ウォーレス（元フィルハーモニア管首席奏者）

かつて使われていた楽器 ①
G管バストロンボーン

●●● 管とベル
管は細くベルも小さいので、強く吹くと金属的な音になりやすい。

●●● ハンドル
スライドが長く手が届かないのでハンドルと呼ばれる金属製の把手で操作する。

ベッソン（Besson）

●●● 最低音
スライドを最大に伸ばした最低音はDesまでで、チェロと同じCは出すことができない。Cの音を出すためにD管になるアタッチメントを付けたモデルもある。

　ロンドン交響楽団をはじめとするイギリスのオーケストラでは、戦前まで現在一般に使用されているB管よりも管が長いG管のバストロンボーンが使われていた。この楽器は古典派時代に使われていた楽器の流れを汲むもので、B管やドイツのF管よりも管が細くベルも小振りだったので、当時イギリスで使われていたフランス式のテノールトロンボーン（P119参照）との相性が良かったのである。ただし、B管よりもスライドが長いのでハンドルで操作しなければいけなかったことと、チェロの最低音のCまで出すことができないという欠点があり、戦後に性能の良いアメリカ製のB管バストロンボーンが流入してきたことによって次第に衰退してしまった。

この楽器のために書かれた曲
エルガー：交響曲第1番〜第2番、同:行進曲《威風堂々》、ホルスト：組曲《惑星》

ライバル楽器と比べてみよう

B管バストロンボーン

現在世界中で使われているバストロンボーン。テノールと同じ長さのB管だが、バスの音がするように管が太くなっており、左手で操作するヴァルヴによってバスと同じ長さのF管に切り替わるようになっている。

Es管バス

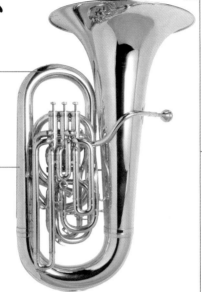

●●● 管
管厚が厚いので大きな音量でも音が割れにくい。

●●● システム
Es管バスは、Es管だけでなくB管の長さとしても機能するコンペンセイティングシステム（セミダブル）を搭載しており、左手人差し指で操作する第4ヴァルヴで両者を切り替える。

●●● 形状
ユーフォニアムのようにピストンヴァルヴを上から押すレイアウトなので、ベルがチューバとは逆方向を向く。

ベッソン（Besson）

　ロンドン交響楽団をはじめとするイギリスのオーケストラでは、バスチューバではなくブラスバンド（金管バンド）と同じEs管バスを使用することが多い。この楽器は、ブラスバンドの低音ファミリーの1つとして開発されたもので、オーケストラ楽器ではなかったのだが、その均質な音質が評価されて1950年代あたりから使用されるようになった。ロンドン交響楽団では、フィリップ・ジョーンズ・ブラスアンサンブルでも活躍した名手ジョン・フレッチャーが使用しており、現在のパトリック・ハリルドも愛用している。ブラスバンドの楽器は、非常に厚い管厚で作られており、大きな音量でも音が割れにくいのが特徴。ベルはチューバと反対側を向く。

代表的なプレイヤー
ジョン・フレッチャー（元LSO奏者）、パトリック・ハリルド（LSO奏者）

マメ知識

イギリスのオーケストラで使われるようになった経緯は？

Es管バスという楽器自体は、19世紀後半に登場していたが、あくまでもブラスバンド専用の楽器であってオーケストラで使われることはほとんどなかった。ブラスバンドでのこの楽器の楽譜はト音記号の移調譜であって、オーケストラのヘ音記号の実音譜とは違うという問題もあったが、それだけではなく、労働者階級の娯楽であったブラスバンドの楽器をオーケストラで使わないという階級問題もあったようだ。そのため、イギリスのオーケストラではF管のバスチューバが使われてきたが（ヴォーン・ウィリアムズのバスチューバ協奏曲もF管バスチューバのために書かれている）、1950年代のオーケストラのインターナショナル化に伴って、音が太いアメリカ型のバストロンボーンが使われるようになったため、それに応じるように音が割れにくいEs管バスが採用されるようになったのだ。

ジョン・ウィリアムズ指揮
ロンドン交響楽団による
『スター・ウォーズ〜ザ・コレリアン・
エディション』
ソニー・ミュージックジャパンイン
ターナショナル　SICC914

イギリスの首都ロンドンには、ロンドン交響楽団
の他に、ロンドン・フィルハーモニック管弦楽
団、フィルハーモニア管弦楽団、BBC交響楽団、ロ
イヤル・フィルハーモニー管弦楽団、ナショナル・フ
ィルハーモニック管弦楽団など多くの名門オーケスト
ラが存在している。LPレコード全盛期の1950〜
1970年代まで、これらのオーケストラの人気はピー
クにあったが、1980年代を過ぎるとその需要が一気
に低下し、経営的に財政難に陥る団体が少なくなか
った。そのような中で、彼らが選んだ道は映画音楽
のサウンドトラックの録音であった。もともとポップ
スオーケストラによるライトクラシックが好きなロン
ドンっ子たちの気質もあってか、この地には優れたサ
ウンドトラック録音の下地が存在したのである。ロン
ドン交響楽団による《スター・ウォーズ》《スーパー
マン》、ロンドン・フィルによる《ロード・オブ・ザ・リ
ング》などは特に有名。最近ではゲーム音楽などの
仕事も手掛けるようになってきている。

ロンドン・フィルによる
『ロード・オブ・ザ・リング〜王の帰還』
ワーナーミュージック・ジャパン
WPCR11724

イギリスの
オーケストラ事情

Column

♪ いろいろなオーケストラ
放送局、音楽祭、旧共産圏のオーケストラ

　これまで紹介した団体以外にも、世界には実に様々なオーケストラが存在する。その中で、まず忘れていけないのは放送局のオーケストラ。我が国のNHK交響楽団がそうであるように、世界の多くの放送局が専属のオーケストラを抱えている。イギリスの国営放送局であるBBCは、BBC交響楽団の他、BBCウェールズ交響楽団、BBCスコティッシュ交響楽団、BBCフィルハーモニックなどを持っているし、フランスのフランス放送フィルハーモニー管弦楽団、ロシアのモスクワ放送交響楽団、スウェーデンのスウェーデン放送交響楽団、オーストリアのウィーン放送交響楽団（前オーストリア放送交響楽団）なども世界的に知られた存在だ。

　しかしながら、放送局のオーケストラを語る上で最も重要なのは、ドイツのオーケストラである。第二次大戦後、旧西ドイツでは各州の放送局がオーケストラを持つようになり、伝統ある歌劇場オーケストラに並ぶ実力を身に付けていったのだ。ベルリン・ドイツ交響楽団（前ベルリンRIAS放送交響楽団）、北ドイツ放送交響楽団、ケルン放送交響楽団、hr交響楽団（前フランクフルト放送交響楽団）、シュトゥットガル

NHK 交響楽団
©S.Takehara

バイエルン放送交響楽団
©BR/Markus Dlouhy

その他のオーケストラ……………………………

ト放送交響楽団など、いずれも巨匠たちと多くの名演を残してきたが、ダントツの人気を誇るのがミュンヘンにあるバイエルン放送交響楽団だ。オイゲン・ヨッフム、ラファエル・クーベリック、コリン・デイヴィス、ロリン・マゼール、マリス・ヤンソンスらが首席指揮者をつとめ、ベルリン・フィルに次ぐ人気を誇っている。

　放送オーケストラ以外では、音楽祭など　ある目的のためにメンバーが集結する臨時オーケストラの存在も無視できない。我が国のサイトウ・キネン・オーケストラを筆頭に、ハンガリーのブダペスト祝祭管弦楽団、ワーグナー作品を取り上げるバイロイト祝祭管弦楽団などがよく知られている。近年では、スイスのルツェルン祝祭管弦楽団が、クラウディオ・アバドと共にマーラー作品を取り上げて話題になっている。

　その他に、本書で詳しく取り上げることができなかったが、チェコのチェコ・フィルハーモニー管弦楽団、ロシアのサンクトペテルブルク・フィルハーモニー交響楽団など、旧共産圏のオーケストラも、その独特の味わいからファンも多い。

チェコ・フィルハーモニー管弦楽団
©P.Hornik

ルツェルン祝祭管弦楽団

サンクトペテルブルク・
フィルハーモニー交響楽団

4

20世紀後半に始まった
古楽オーケストラの足跡

　古い音楽を当時の楽器で演奏しようという運動は、19世紀後半から見られるようになったが、その対象はバロック以前のものが大半で、オーケストラは事実上対象外であった。

　古楽オーケストラが登場するようになったのは、1950年代にヨーロッパ各国で古楽を再現しようとする動きが盛んになってから。先陣を切ったのは、ウィーン交響楽団のチェロ奏者だったニコラウス・アーノンクールが、同団の仲間らと共に立ち上げたウィーン・コンツェントゥス・ムジクスであった。それを追いかけるように、ドイツのコレギウム・アウレウム合奏団が続く。その後も、ベルギーのラ・プティット・バンド、イギリスのエンシェント室内管弦楽団と、各国で古楽オーケストラが誕生した。

　当初、彼らは、バッハ以前のバロック音楽をレパートリーとして活動していたが、コレギウム・アウレウム合奏団が、モーツァルトやハイドンなど古典派の作品にまで挑戦。現在の視点から見れば、時代考証の点で多くの問題はあるものの、古楽器によるモーツァルトの交響曲第40番やベートーヴェンの《英雄》の録音の登場は、古楽オーケストラ史の転換点になった。これ以降、古楽オーケストラは、バロック以前のレパートリーの愛好者だけを対象とするものではなく、モーツァルトやベートーヴェンを愛する通常のクラシックファンに、聴き慣れた名曲の新しい側面を提示する団体へと変貌を遂げる。ガーディナーのイングリッシュ・バロック・ソロイスツ、ノリントンのロンドン・クラシカル・プレイヤーズ、ブリュッヘンの18世紀オーケストラ、コープマンのアムステルダム・バロック管弦楽団などが登場して、次々と話題になるディスクをリリースする黄金時代を迎えたのだ。

　さらに、古典派のレパートリーだけでは飽き足らなくなった彼らは、シューベルト、ベルリオーズ、メンデルスゾーンなど、ロマン派のレパートリーにも着手するように

有田正広の指揮でショパンのピアノ協奏曲を演奏する
クラシカル・プレイヤーズ東京（ピアノ独奏は仲道郁代）
©Hikaru★

なった。とりわけ、ノリントンとガーディナー（ロマン派を演奏するためにオルケス
トル・レヴォリューショネル・エ・ロマンティークという団体を立ち上げた）の2人は、
競い合うようにロマン派の楽曲にチャレンジしていき、シューマン、ワーグナーから
ブラームス、ブルックナーまでそのレパートリーを広げていったのである。

　しかしながら、1990年代を過ぎると、メジャーレーベルは、音楽業界の不況の影響
などの理由で資金のかかる古楽オーケストラの録音から次第に手をひくようになり、
これまで牽引してきた指揮者たちも、モダンオーケストラに活動の場を移すようにな
ってしまった。けれども、そのような状況でも、古楽オーケストラの人気は根強く、
意欲的な活動をする団体はむしろ増えてきたのはうれしい。ロマン派の録音に関して
は、ヘレヴェッヘへのシャンゼリゼ管弦楽団、ミンコフスキのグルノーブル・ルーブル
宮音楽隊、ヴァイルのターフェルムジーク・バロック管弦楽団などが興味深い活動を
見せているが、中でも、インマゼール率いるアニマ・エテルナは、なんとリムスキー
＝コルサコフやラヴェルまでピリオド楽器で録音してしまい、今後の活動が注目され
る。我が国でも、フルート奏者の有田正広の指揮でバロック・古典派作品を取り上げ
てきた東京バッハ・モーツァルト・オーケストラが、クラシカル・プレイヤーズ東京
と名称を変えて、ロマン派の作品を取り上げるようになった。

オーケストラの現状と展望

　これまで取り上げてきたように、無限の魅力に溢れたオーケストラであるが、その未来は必ずしも明るいとは言えない。

　オーケストラは、18世紀に宮廷や貴族の娯楽として発展してきたものなので、経済中心でまわっている現代社会で自力で存続するのは不可能に近いと言っていい。60人のメンバーが最低3回の練習に参加したとして、その人件費だけでチケット収入を上回ってしまうことは素人でも分かるはずだ。

　当然のことながら、オーケストラを運営するためには、国や自治体、あるいは企業などの支援が必要になり、これらの援助が減ってくると非常に厳しい状況に追い込まれてしまう。近年では、ドイツのオーケストラが、国からの補助金を打ち切られ解散してしまったニュースが相次いだことは記憶に新しい。特に、統合後に旧東ドイツと旧西ドイツの両方のオーケストラが競合してしまったベルリンは厳しい状況だったようだ。

　我が国の場合も同様に厳しい状況であるが、いずれのオーケストラも、司会者や出演者による解説をつけたり、開演前にロビーコンサートをおこなうなどの工夫をこらすことで新規の聴衆を得る努力をしており、以前よりもファンの獲得に成功している。

　一方で、既存の名曲に飽きたコアなファンのために、ふだんあまり演奏されない隠れた名曲を取り上げたり、テーマを設定した企画で勝負する団体も増え、独自のカラーを打ち出すようになった。

　そんな中で目立つようになったのは、「ピリオドアプローチ」と呼ばれるスタイルをとる指揮者とその団体。モダンオーケストラでありながら、ヴィブラートを控えめにするなど古楽器のスタイルを導入するというこのスタイルは、アーノンクールやノリントンらが確立したものであるが、若い世代の指揮者を中心に世界中で広がりを見せている。既成の解釈にとらわれない新鮮な響きや爽快なテンポが、モダンオーケストラに新しい旋風を巻き起こしたのだ。

　しかしながら、多くのオーケストラがこのスタイルをとるようになると、どの団体も同じようなアプローチになって個性がなくなってしまうという側面もある。ナチュラルトランペットやバロックティンパニを使用するなど、上辺だけ古楽オーケストラの真似をしている点もどこか中途半端だと言わざるを得ない。

　今後は、モダンオーケストラならではのアイデンティティを求めて、現代社会に合った形の在り方を模索しなければいけないだろう。

ニコラウス・アーノンクール
写真提供＝ワーナーミュージック・ジャパン

あとがき

　本書は、拙書『カラー図解 楽器の歴史』『カラー図解 楽器から見る吹奏楽の世界』に続く第三弾として、世界各地のオーケストラのローカルな特色と歴史的な背景を、使用楽器や編成の歴史から浮かび上がらせてみようと企画したものである。

　オーケストラ鑑賞の魅力の1つに、作品が書かれた時代や地域独自の楽器の響きを楽しむということがある。ヨハン・シュトラウスのワルツをウィーン・フィルで味わう行為などはまさにそうであるし、それをさらに時代性まで追求するならば、古楽器オーケストラの鑑賞に行き着くはずだ。にもかかわらず、まえがきでも触れたように、現在はオーケストラのグローバル化が進んでおり、各国のオーケストラの特色が薄まりつつある。だからこそ聴衆はウィーン・フィルや古楽器オーケストラの音を欲しているのだろう。

　幸いなことに、団体によってはまだそのローカル色を残しているケースも少なくない。近年使われなくなったものも含めて、本書ではできる限りその詳細をお伝えしようと努力した。同じドイツ語圏のオーケストラでも、ベルリン・フィルとウィーン・フィルとでは使用している楽器が違うということをご理解いただければ幸いである。オーケストラ音楽を鑑賞する際に、本書で触れた楽器やその背景を思い浮かべていただけたら、きっとより面白く鑑賞できるのではないかと思う。

　これまでの2冊もそうであったが、楽器の撮影に際して細部にこだわりを持って挑んだため、多方面の方に無理を強いる結果となってしまった。ご協力いただいた皆様には本当に感謝している。また、このカラー図解シリーズに深い理解をいただき、今回の企画も快く受け入れてくださった河出書房新社の小野寺優さん、無謀なスケジュールの中、楽器に愛情を注いで撮影してくださったカメラマンの松井伴実さん、そして、資料集めから編集まで甚大な努力をしていただき、海外との折衝まで粘り強く頑張っていただいた木杏舎の石田多鶴子さんに、この場を借りて感謝の意を申し上げたいと思う。

2010年8月 佐伯茂樹

特別協力

浜松市楽器博物館
東京藝術大学

写真提供・協力

18世紀音楽祭協会事務局
Berliner Philharmoniker
Berlioz Historical Brass
Craig Kridel
Douglas Yeo
EMIミュージック・ジャパン
Guntram Wolf Holzblasinstrumente
KAJIMOTO
London Symphony Orchestra
NHK交響楽団
Royal Concertgebouw Orchestra
Sammlung der Musikgeschichte
　　　　　　　　der Meininger Museen
Teatro alla Scala
Terry Linke
Wiener Philharmoniker
青山ハープ
伊澤賢
石森管楽器
大阪音楽大学楽器資料館
オーストリア政府観光局
大森健一郎
岡山英一
小畑善昭
カメラータ・トウキョウ
北島剛史
ザ・クラリネット・ショップ
三宮正満
ジャパン・アーツ
ソニー・ミュージックジャパンインターナショナル
高長行
築地徹
東京芸術劇場
東京藝術大学の学生のみなさん

東京都交響楽団、
堂坂清高
西澤央子
西澤誠治
野中貿易
三ツ谷光久
山野楽器
ヤマハ
山本武雄
ユニバーサルミュージック
横田揺子
読売日本交響楽団
三鷹市芸術文化振興財団
ワーナーミュージック・ジャパン
(敬称略)

浜松市楽器博物館

住所 ● 〒430-7790　静岡県浜松市中区中央3-9-1

Tel ● 053-451-1128

Fax ● 053-451-1129

URL ● https://www.gakkihaku.jp/

開館時間 ● 9：30 ～ 17：00

休館日 ● 毎月第2・4水曜日（祝日の場合は翌日、8月
　　　　は無休）、年末年始　※要確認

入館料 ● 大人800円、高校生400円、中学生以下・
　　　　70歳以上・障害手帳所持者（介助者が必要
　　　　な場合は、介助者1名を含む）無料

交通 ● JR浜松駅より徒歩10分
　　　　東名浜松・浜松西ICより約30分

佐伯茂樹（さえき・しげき）

早稲田大学卒業後、東京藝術大学でトロンボーンを学ぶ。古楽器を中心とした演奏活動を行なう傍ら、多くの音楽雑誌に論文や記事を執筆。ヨーロッパの管楽器専門誌「BRASS BULLETIN」に「アルトトロンボーンの真実」「幕末日本に来た西欧軍楽隊楽器」の２つの論文が掲載された。東京藝術大学大学院で楽曲と楽器に関する講義を担当。主な著書＆共著に、『管楽器おもしろ雑学事典』『吹奏楽おもしろ雑学事典』（ヤマハミュージックメディア）、『はじめての楽器　フルートとトランペットの演奏　管楽器のなかまたち』（文研出版）、『名曲の「常識」「非常識」』『名曲の暗号』『佐伯茂樹の本 新名曲解体新書』（音楽之友社）、『カラー図解 楽器の歴史』『カラー図解 楽器から見る吹奏楽の世界』（河出書房新社）、『年刊ワーグナーフォーラム2005』（東海大学出版会）、モーツァルト大全集付録『モーツァルト読本』（ユニバーサルミュージック）などがある。東京藝術大学講師。東京ヒストリカルブラス主宰。2019年逝去。2020年、第32回ミュージック・ペンクラブ音楽賞（クラシック部門功労賞）を贈られる。

撮影●松井伴実
本文デザイン・DTP●磯辺加代子
編集●石田多鶴子（木杏舎）
装丁●日向麻梨子（オフィスヒューガ）

カラー図解 楽器から見る オーケストラの世界

2010年10月30日　初版発行
2021年 4 月20日　新装版初版印刷
2021年 4 月30日　新装版初版発行

著　者　佐伯茂樹
発行者　小野寺優
発行所　株式会社河出書房新社

〒151-0051
東京都渋谷区千駄ヶ谷 2-32-2
電話　03-3404-1201（営業）
　　　03-3404-8611（編集）
https://www.kawade.co.jp/

印刷・製本　三松堂株式会社

Printed in Japan
ISBN978-4-309-29139-0

河出書房新社の本

◆ 佐伯茂樹 著

【カラー図解】

楽器の歴史

様々な楽器の歴史・進化・構造・特質を、
豊富なカラー写真で
詳細に解説するビジュアル図鑑。
演奏者から愛好家まで必読の決定版楽器ガイド。

◆ 佐伯茂樹 著

【カラー図解】【楽器から見る】

吹奏楽の世界

吹奏楽で使われる楽器の構造や音域、変遷、
ブラスバンドやマーチングバンドの特徴を
多彩な図版で紹介。
究極の吹奏楽ビジュアルガイド。

◆ 小倉喜久子 著

【カラー図解】

ピアノの歴史

ピアノの歴史と構造、
そして名作曲家とのエピソードを徹底解説。
ベートーヴェン、ショパンたちが愛したピアノによる
演奏を聴けるCD付き。